● 中学美文读本

域外传情

主　　编：北京大学中文系主任博士生导师
温儒敏
北京师范大学中文系博士生导师
王富仁

（上）

吉林人民出版社

图书在版编目(CIP)数据

域外传情 / 温儒敏,王富仁主编. —2 版. —长春:
吉林人民出版社,2011.8(2015.5 重印)
(中学美文读本)
ISBN 978-7-206-03835-8

Ⅰ.①域… Ⅱ.①温… ②王… Ⅲ.①散文—文学欣赏—世界
②随笔—文学欣赏—世界 Ⅳ.①I106.6

中国版本图书馆 CIP 数据核字(2011)第 180602 号

域外传情

主　　编:温儒敏　王富仁
责任编辑:张立华
吉林人民出版社出版发行(长春市人民大街 7548 号 邮政编码:130022)
网　　址:www.jlpph.com
全国新华书店经销
发行热线:0431-85395845　85395821
印　　刷:北京一鑫印务有限公司
开　　本:700mm×1000mm　1/16
印　　张:16　　　　字　数:176 千字
标准书号:ISBN 978-7-206-03835-8
版　　次:2011 年 9 月第 2 版　　　　印　次:2015 年 5 月第 2 次印刷
定　　价:59.60 元(上、下册)

序

这几年，文学圈儿内鼓噪得不像个模样儿，什么怪诞的、荒谬的、离奇的、粗俗的……各式各样的文学流派粉墨登场，闹得花哨，闹得热火，闹得门前冷落读者稀，还嫌不够来劲，不够刺激。于是，把“美女作家”“新新人类”再推上前台，涂脂抹粉，扭腰摆臀，以争取新的亮点儿。

我们姑且把此类文学称之为“泡沫文学”，泡沫者，一闪即逝之物也。文学圈儿内倘若揉进了这类东西，那就无异于假冒伪劣商品，扰乱社会，坑害民众，甚至会致人残疾夺人性命——把文学硬是弄成非驴非马的模样儿，这是整个文学界的悲哀呵。

当然，这些年，我们的文学也有鲜亮的一面，有清新的空气，且不说那些重量级的作家推出的重量级的作品，就是一些野花小草，也丛生争妍，并时不时透出点儿韧劲儿，透出点儿暗香，叫人痴迷得癫狂不已，欲罢不能。

选编《中学美文读本》这套丛书的目的，就是想把散落于各地的野花小草集中起来，培以土壤，施以水肥，以供读者鉴赏。文体以时下较受青睐的精短散文、随笔为主，内容上讲究可读性、独创性和哲理性，有缠绵的情思，悠扬的春曲，亦有心灵的感悟，深沉的反醒。随手撷来，总有些油盐酱醋蕴含其中，让人几多回味，几多思索。

世纪之声交融，野花小草吐芳。

愿滂沛之文风常吹，精神之枝干常绿。

编 者

目录

拥抱激流

仰望天空

记忆深处

无边苍茫

拥抱激流

两条路

>> （德国）让·保尔

隔着一层薄薄的朦胧看世界，不慌不忙，世界是那样宁静可爱；隔着一点距离看人生，人和事都比较好安排。

新年的夜晚。一位老人伫立在窗前。他悲戚地举目遥望苍天，繁星宛若玉色的百合漂浮在澄静的湖面上。老人又低头看看地面，几个比他自己更加无望的生命正走向它们的归宿——坟墓。老人在通往那块地方的路上，也已经消磨掉六十个寒暑了。在那旅途中，他除了有过失和懊悔之外，再也没有得到任何别的东西。他老态龙钟，头脑空虚，心绪忧郁，一把年纪折磨着老人。

年轻时代的情景浮现在老人眼前，他回想起那庄严的时刻，父亲将他置于两条道路的入口——一条路通往阳光灿烂的升平世界，田野里丰收在望，柔和悦耳的歌声四方回荡；另一条路却将行人引入漆黑的无底深渊，从那里涌流出来的是毒液而不是泉水，蛇蟒满处蠕动，吐着舌箭。

老人仰望昊天，苦恼地失声喊道："青春啊，回来！父亲哟，把我重新放回人生的入口吧，我会选择一条正路的！"可是，父亲以及他自己的黄金时代都一去不复返了。

他看见阴暗的沼泽地上空闪烁着幽光，那光亮游移明灭，瞬息即逝，那是他轻抛浪掷的年华。他看见天空中一颗流星陨落下来，消失在黑暗之中。那就是他自身的象征。徒然的懊丧像一支利箭射穿了老人的心脏。他记起了早年和自己一同踏入生活的伙伴们，他们走的是高尚、勤奋的道路，在这新年的夜晚，载誉而归，无比快乐。

高耸的教堂钟楼鸣钟了，钟声使他回忆起儿时双亲对他这浪子的疼爱。他想起了发蒙时父母的教诲，想起了父母为他的幸福所作的祈祷。强烈的羞愧和悲伤使他不敢再多看一眼父亲居留的天堂。老人的眼睛黯然失神，泪珠儿泫然坠下，他绝望地大声呼唤："回来，我的青春！回来呀！"

老人的青春真的回来了。原来，刚才那些只不过是他在新年夜晚打盹儿时做的一个梦。尽管他确实犯过一些错误，眼下却还年轻。他虔诚地感谢上天，时光仍然是属于他自己的，他还没有堕入漆黑的深渊，尽可以自由地踏上那条正路，进入福地洞天，丰硕的庄稼在那里的阳光下起伏翻浪。

依然在人生的大门口徘徊逡巡，踌躇着不知该走哪条路的人们，记住吧，等到岁月流逝，你们在□黑的山路上步履踉跄时，再来痛苦地叫喊："青春啊，回来！还我韶华！"那只能是徒劳的了。

■赏析

在人生这趟单程列车上，我们根本没有回头的路，我们大把大把地支付着青春，支付着倏然消逝的韶华，我们是否无怨无悔，对得起这趟短暂的人生之旅呢？

站在人生的十字路口，你必须做好自己的选择，不要"轻抛浪掷"自己的年华，因为生命只有一次，无论你如何呼唤，青春也不会回头，也不会"还我韶华"。

蜗 牛

>> （法国）蓬热

学会爱自己，是源于对生命本身的崇尚和珍重。它可以让我们的生命更为丰满更为健康，让我们的灵魂更为自由更为强壮。

同以热灰为家的煤屑相反，蜗牛喜欢潮湿的土地，它们全身贴地往前走。它们身上带着泥土，泥土是它们的食物，也是它们的排泄物。泥土穿过它们的身体。它们穿越泥土。这是情趣高雅的相互渗透，因为可以说这是同一颜色的深浅的变化：其中一个是积极成分，一个是消极成分，消极成分围绕、喂养积极成分，而积极成分边移动边进食。

（关于蜗牛，还有许多别的话要说。首先，它们自身的湿润。它们的冷血。它们的延伸性。）

此外，我们无法想象一只抛开背上甲壳而静止不动的蜗牛。它休息时立即将身体缩进壳内。相反。由于腼腆，它一露出它赤裸的身体，一露出它脆弱的外形，就赶紧往前运动。它刚暴露自己就前进。

干燥的季节，它们隐居在壕沟里，而且它们的存在似乎有助于住地的潮润。那儿，也许有其它冷血动物与它们为邻，如癞蛤蟆、青蛙。可是，它们离开壕沟采用不同的方式。蜗牛更有资格住在那儿，因为它们离去时要付出更大的代价。

然而要记住，它们虽然喜爱潮湿的土地，但并不喜欢变成沼泽或池塘。它们当然更喜欢坚实的土地，但这种土地必须是肥沃和湿润的。

它们也爱吃蔬菜和水分充足的绿叶植物。它们懂得挑选最嫩的叶子，食后仅仅留下叶脉。比如，它们是生菜的大患。

它们呆在壕沟底干什么？它们喜欢那儿的环境，但那儿终不是久留之地。它们是壕沟的常客，但它们向往浪游的生活。而且它们在沟底和在泥土的小径上一样，背上的甲壳依然使它们显得矜持。

当然，到处背着这样一个壳儿确实是个累赘，但它们并不抱怨，相反，它们把这当成一件幸事。无论到哪儿，它们随时可以躲进自己家里，使那些居心叵测的人无可奈何，这实在是一种可贵的长处。为此付出代价完全值得。

它们由于有这个能耐、这个方便而洋洋自得。我是一个如此敏感、如此脆弱的生命，怎么能够固若金汤，不怕那些讨厌的东西的袭击，享受幸福和安宁？于是，这背上的掩蔽所应运而生。

我如此紧紧地附着于地面、如此令人怜悯、如此缓慢、如此一往直前、如此有本事离开地面缩进我的家屋，我还有什么忧愁？任你把我踢到什么地方，我有把握在命运放逐我的土地上重新站起来，重新附着于地面，而且去那儿找到我的饲料——泥土，这最普通的食粮。

啊，当一个蜗牛是多么幸福、多么快活！它还用自己的流涎在它接触过的一切东西上留下印记。它身后是道银光闪闪的轨迹。而这正是问题的关键：要生存就难免冒风险。

蜗牛是孤独的，的确如此。它的友人寥寥可数。可是，为了生活得幸福它并没有这种需要。它同大自然如此亲密地粘附在一起，它如此亲切地享受大自然的恩宠；它是它用全身拥抱的土地和菜叶的朋友；它是天空的朋友，向它骄傲地抬起头颅和那双敏锐的眼珠。高贵、从容、睿智、自豪、骄傲。

■赏析

我多想享受生活给予我的每一点恩惠，但我又是一个“如此敏感、如此脆弱的生命”，那些潜伏在我四周的危险随时都可能向我发起凌利的进攻，我热爱生命，但我又不得不学会保护自己。

我认真地选择着自己的生活，我执著而缓慢地移动着，“一往直前”，“任你把我踢到什么地方，我有把握在命运放逐我的土地上重新站起来”，我“孤独”，但我又是“多么幸福、多么快活”！我敢于冒风险又敢于挑战风险，不信？请仔细看一看我身后那道“银光闪闪的轨迹。”

你问我是谁，对了，忘了告诉你：我就是蜗牛！

灌木丛中的钻石

>> 南 玺

人只要有细腻的心去体会万象万法，那么到处都有启发的智慧，你就会拥有更多的爱。

人只要有细腻的心去体会万象万法，那么到处都有启发的智慧，你就会拥有更多的爱。

决定了，我们将来阿拉斯加。我装作挺快活的样子，可在心里却情绪低落。阿拉斯加使我感到畏惧。她太辽阔，太荒凉。确切的说，它不在我所熟知的美国之中。

有所有这一切的不愉快之中，育一个特殊的时刻。那是在一个早晨，我独自坐在屋外。这时，我的女儿赤着双足，穿着睡衣走过来，同我坐在一起。我们默默地注视着阳光在草丛中的露珠上熠熠生辉。“瞧，”我说着，又指了指，“那就是上帝的钻石。”

她朝那一片闪烁的草丛走了过去，小心翼翼地取下一滴露珠。

“啊，你给我摘下了一颗钻石！”我叫道。

她用指尖将它送到我跟前，然后我们一起把它举到阳光下。我们被一粒普通的水珠放射出的耀眼光芒给迷住了。

7月里出发的日子到了。在那些植物和箱子的空隙里，我们往旅行客车里塞进了四个兴高采烈的孩子和一只迷惑的狗，开始了驶向阿拉斯加毕格湖的2600英里旅程。要不是终点错了，这倒是一次了不起的度假。可我们再不会回来了。

我们一直往北行驶，白昼逐渐地变长了，直到夜晚全部消失，而阿拉斯加绵延的山峦也越来越近了。第七天早上两点，我们十分疲惫地到达了毕格湖，遇上了一场猛烈的暴风雨。一位老住户向我这样的新来者表示欢迎，他当初也不想来这里。

雨接连下了两天。第三天早晨，天空晴朗，气候温和。我独自坐在卧室进而望着窗外的灌木丛。阳光勾勒出了秀美的白桦树干上树叶的图案。红松鼠在树丛中跳来跳去。这是一个闲散的日子，一切都适得其所，但对我却不然。

在内心里接受搬迁这个事实是经历了一场斗争的。我对阿拉斯加抱有敌意，并且陷入了绝望之中。

后来，在那近在咫尺的地方，我看见了绿叶上的一颗雨珠，它在阳光的照射下闪烁着勃勃的生机！刚才还是一颗璀璨的珍珠。我的记忆中立刻闪现出一颗露珠在布兰达的手指上闪耀的情景。虽然它默默无言，但我明白了这颗雨珠所允诺的是什么。它似乎在说：瞧，卡洛尔，世上到处都有钻石呵！

于是，就从这一刻起，我开心地笑了，我感到解脱了，浑身又充满了活力。就是那样一颗普普通通的雨珠驱散了我心中巨大的恐惧。我又望了一眼这令人难以置信的信使，它栖息在那片绿叶上，正冲着我眨眼呢。

是呵，我热爱阿拉斯加。只要我一睁开眼，我就会看见到处闪烁的钻石。

■赏析

只要有一双热爱生活的眼睛，随处你都可以发现晶莹剔透的“钻石”。

人生的旅途充满愉悦，也充满艰辛。善待生命，善待自己，你就会品味生命的本质。

其实，我们的周围布满各色各样的“钻石”，其实，热烈的生活布满了我们脚下的每一寸土地，努力地战胜自己，超越自己，你的眼前永远都是流动的风景、流动的美丽……

快快出发吧，朝向生命的荒野，去创造人生的奇迹！

■字　母

>> （法国）米修

死亡姗姗来了，我被它走近的严寒威胁着；此时我最后一次凝望着生灵们，深沉地。面对它冷峻的目光，一切不重要的东西都退隐了。

死亡姗姗来了，我被它走近的严寒威胁着；此时我最后一次凝望着生灵们，深沉地。面对它冷峻的目光，一切不重要的东西都退隐了。

然而我仍然在极力搜索，企图保留几许即使死亡也不能夺走的东西。

它们变小了，最后缩聚成一种字母，一种在另一个世界，在任何世界都能使用的字母。

这样，我解脱了完全离开这个我生活过的世界的恐惧。

由于这种觉醒，我意气高昂，正眼看着这个世界。我因此增添了勇气，继续在生活宽阔的斜坡上攀登。

■赏析

这个“在任何世界都能使用的字母”是什么？

当死亡胁迫着我们的呼吸，当我们“最后一次凝望着生灵们”的时候，到底还有什么东西不会被死神夺走？

我想，它绝不是什么金钱名利，或至爱宠物；它更不会是你不断滋长的欲望和疯狂索取的手臂……

它是爱，博大的，汩汩奔涌的爱的激情，对生命、对自然万物的至深至纯的感情！

它还是什么呢？

■蜡 烛

>> （法国）蓬热

蜡烛放出缕缕青烟，用它颤动的光芒照耀着书本，鼓励着读书者。然后，它在烛盘中倾斜，淹没在自己的滋养之中。

一种奇特的植物黑夜中燃烧得更旺，它的光芒把陈设家具的房间分割成丛丛阴影。

金色的叶子缀在焦黑的细梗的顶端，下面是晶莹洁白的小圆柱。

用朦胧烟霞笼罩树林的月儿太高，可怜的蝴蝶宁愿攻击烛火。但是，它们立即被灼伤，或者在搏斗中累得筋疲力尽，一个个战栗着，狂乱中有几分惊愕。

其间，蜡烛放出缕缕青烟，用它颤动的光芒照耀着书本，鼓励着读书者。然后，它在烛盘中倾斜，淹没在自己的滋养之中。

■赏析

蓬热的作品多采用客观主义的手法，注重描写小生物及小物品的情态，往往从平凡的物象发掘出奇妙的存在。

作者对蜡烛的描写可谓细致入微。这种“奇特的植物，”于黑夜中燃烧着，静静地，“把陈设家具的房间分割成丛丛阴影”，她淡淡的光芒之中又透出一股韧劲，不屈地抵抗着来自外部的攻击。她无私地奉献着自己，然后，“它在烛盘中倾斜，淹没在自己的滋养之中。”

小小的蜡烛。可否透射出你周围的某些人？

■黎　明

>> （法国）兰波

上帝太遥远了，信奉它者可得永生，不信奉的呢？地狱是唯一的沉沦之地了！

我抱吻了夏日的黎明。

宫殿前一切尚无动静。池水死寂。影群集聚在林间的空地。我前行，摇醒潮润生动的气息。宝石睁眼注视，轻翼无声飞起。

在布满新鲜然而苍白反光的幽径上，第一个邂逅；一朵花告诉我她的名字。

我笑问金黄的高泉，她散发穿越松林；在银白的梢顶，我认出了她：女神！

于是一层一层地，我掀开纱幕。在林间的通道上，我挥动手臂；在平原上，我把她告诉给公鸡；在大城里，她逃跑在巨钟的穹顶之间，我活像个乞丐，在大理石的堤岸上，驱赶他。

大路高处，靠近一座桂林，我用纱幕把她包裹起来。我触到她宽大的玉体。黎明和孩子倒身在树林的低处……

醒来，已经是正午。

■赏析

这是“夏日的黎明”，她的到来“摇醒了潮润生动的气息”。

“我”轻轻地捕捉她的影子，“我”多想触摸她“宽大的玉体”。

是她的秀色唤起了“我”对生活的热爱，唤醒了“我”的热烈的欲望。

她穿过“林间的空地”，穿过松林“银白的梢顶”，穿过“高泉”、“平原”、“大城”和“大理石的堤岸”，她跑得那么轻盈，那么迅捷，她已经占据了“我”生命的每一分钟……

假如我能呼风唤雨

>> 詹姆·米斯

花园一闪就不见了，稀疏的秋天从头上飘落，雏菊是白天的夜曲。

去年夏天的一个早晨，耀眼的阳光洒在枕上，我从睡梦中醒来了。一星期来，我们一直在热雾笼罩的郁闷下恹恹欲睡，狗躲在阴凉处喘气，鸟儿无精打采的啼唤。但整个早上天空蔚蓝，极目无垠，空气芬芳如蜜，到处纤尘不染，一片欢愉；歌颂这良辰美景的有活跃的小蝴蝶，还有悠然飘过闪闪生辉的大块浮云。我一早就出门，前往河湾附近的一片草地。那是这世界我最喜欢去的地方。

那儿有蜻蜓和小鱼相隔咫尺盘旋、跳跃；树荫覆罩着绿叶和蓝天交错的倒影。

一只金翅雀在一簇红色的灌木中欢唱；一只红雀在苹果树的枝桠间穿飞。空气中弥漫着干草香味，树叶的簌簌声，流水的潺潺声，昆虫的唧唧声，交织成一片天籁。阳光轻轻抚我，令我神往，白云很有气派地悠悠飘逝。

有个熟人说，将来有一天我们会控制天气，以保证丰收，驾驭狂风暴雨，使全世界的人更健康、更安全、更繁荣。这真是令人神往的远景。不过，神思恍惚中，我不禁怀疑：那么谁又负责创造象这样令人欢欣的晴天呢?

假如由我来选择，我想天气应该象人的心情和愿望变化多端。不错，我愿意有许多天朗气清的白昼和繁星闪烁的夜晚：但总是适可而止，只要保持以稀为贵的程度就够了。我们也偶然需要些阴沉和潮湿的日子，好让心灵贪图忧郁的滋味；深秋十月，枯干的树枝出来搔我们的窗户，风声萧萧，如泣如诉；冉冉直达昏黄的月亮；夏夜细雨轻敲瓦檐，催人入睡；冬季令人厌倦时，春晨淡淡的阳光又在呵哄蓓蕾生长绽放了。

我要满足我们有时坐立不安、渴望风云剧变的心情：阴霾四合的下午，电光闪跃，漆黑的天际雷声隆隆。我愿有这样的天气：风激起浪花，卷起落叶，漫天金星似的在我们周围飞舞。我也愿有些寒冷的日子：几小时内万籁俱寂、呵气成冰的严寒。我们出去散步时，鼓起勇气，在冰柱成排、既危险又美丽的屋檐下走。雪！我要安排它不时以优美的姿势飘降，轻盈似柳絮，闪耀如银片，积雪的深度足供人欣赏赞叹，但不至于望而却步。风可把它雕琢成各种形象，或者它就静静飘落，使秃树、枯蓟和弃置路旁的自行车披上新装，别有异趣。雪下大了，学校会放假。聪明的孩子用欢呼和雪橇来欢迎这骤变的景色。

严寒中我会想到夏天。我的夏天该是怎样的呢?

噢，首先，我要规定适当的湿度。其次，我要安排各色各样的“晴天”。有适合抒情诗人的晴天；有专为老人晒太阳的晴天；有适合女人和她们的小宝宝的晴天；有为寂寞的人和情人而安排的晴天。然后我再添点不可少的雨儿，分量不多不少。

我喜欢和风轻拂的早晨，因为和风使空气清新，并使花园的泥土遍洒花瓣。天朗气清的白昼，小舟鼓浪前进，三角帆迎风招展；天空与碧波荡漾的海蓝成一片；纸鸢高翔，纸风车迅速旋转，轮廓难辨。到了下午，几抹彩霞使柔和的暮色平添一番宁静。夏日的黄昏令人怀念不止，不就是这个缘故吗?

假如我能随心所欲，我想当个防止泥泞协会的主席，尽量避免雪泥和雨夹雪。我保证永远不在旅游时下雨，尽自己最大的努力使阳光普照以保证新娘快乐。为了哲学家和经常流连忘返的游人，我愿在秋老虎季节掺杂一点夕阳虽好近黄昏的味儿，四月里送上大如樱桃的雨滴，让我们在惊喜中冒雨飞奔回家；或者在七月里下些象爆米花那样跳跃的雹子，让我们大吃一惊。

每年二月的一个黎明，我要天下一阵冰雨，好让早起的人看到琉璃树林和水晶楼宇。春天很固执，我猜想，它总是老样子，不过我希望减少点毛毛雨，多添些晴天。五月来临时，我知道一切都会称心满意。五月实在没有需要改善的地方。一年四季的天气，应该还有薄霭徐舒的黎明；有醉人的星夜；有雾、霜和带晕圈的月亮；还有如火的太阳，晒得白色沙滩晶光耀目，贝壳变白，人体黑红健康。我愿永远有日丽风和、天高气爽的日子！我再四下打量已经碰上的这一天，完全是不期而遇的一天。一见之下，我那虚华浮夸的气焰就低沉下去。心里反而为了我们这颗小行星和它的轨道——为了这个地球，充满了感激和热爱。

我平心静气的想，假如我可以选择，我宁愿不要龙卷风、旱灾和飓风这类东西。至于四时八节的天气变化——啊，我倒心甘情愿听其自然！

■赏析

“为了这颗地球，我充满了感激和热爱”。

于大自然偌大的怀抱之中生存着，感知并触摸它充满生机、繁衍生息的声音，让虚饰浮夸的心灵接受明净的蓝天的洗礼，让漂泊不定的魂魄溶入大自然强劲搏动的脉络。

这是生命之躯血脉之躯呵，从这里，你能获取生存的力量和蓬勃的激情；从这里，你能接纳爱并真诚地付出爱的硕果；从这里，你学会坚强，学会正确面对挫折面对自我，从这里……

“假如我能呼风唤雨”，我要一天一个季节！

艺术家的"悔罪经"

>> （法国）波德莱尔

当你的目光消失在浩瀚的大海的广阔的天宇中时，你可以饱享孤独、宁静，欣赏蓝天不可比拟的贞洁。这真是莫大的乐趣！

秋日的黄昏是何等沁人肺腑啊！一直沁入人的苦衷。这时，某些微妙的情愫，虽然恍惚迷离，却也十分强烈。是的，没有任何比"无限"的顶点更锋利的了。

当你的目光消失在浩瀚的大海的广阔的天宇中时，你可以饱享孤独、宁静，欣赏蓝天不可比拟的贞洁。这真是莫大的乐趣！

天边，一顶颤动着的小白帆，渺小而又孤单，正如同我自身这不可救药的人生，还有这浪涛的单调的旋律……所有这一切都通过我来思想。或者——我通过他们在想象。（因为，在梦幻的伟大之中，"自我"早已迅速消失。）我要说，它们在思想，音乐般地、如画般地思想！没有诡辩，没有逻辑，也没有推理。

然而，这些思想，不论它们是出于我的大脑，还在事物本身上闪耀，都立刻变得十分强烈了。

快感中的毅力给人一种有教益的苦恼和痛楚。我的神经太紧张了，只发出一阵阵刺耳而痛苦的颤抖。

而现在，苍穹的高深又使我惊恐不安，它的纯洁又使我气恼万分；大海的冷漠和这永恒的不变的景色更激起我怒火满腔……

啊！难道就该永远地痛苦下去吗？或者永远地逃避美好？

使人迷醉的大自然啊，

你没有半点怜悯之心。你永远是胜利的敌手，饶恕我吧！请不要再诱惑我的欲望与高傲！

对美的研究就是一场殊死的决斗；在这里，艺术家只是在被战败之前恐怖地哀鸣着。

■赏析

这是艺术家痛彻而悲凉的哀鸣。

置身于自然的怀抱当中，艺术家永远是被自然战败的对手。在自然“不可比拟”的美丽面前，他们往往显得多么笨拙，他们设法洞悉着自然无穷的魅力，但他们根本没法领悟它的全部。

这是一场“殊死的决斗”，败下阵来的，始终是那些执著者“对美的研究”，自然的“梦幻”是如此“伟大”，那些艺术家根本无法探究。尽管他们不断地发出“一阵阵刺耳而痛苦的颤抖”，但谁也阻挡不了他们的脚步。

——为什么呢？

■织 女

>> （罗马尼亚）博格扎

每个女人在一生中，总有一天、一小时、一秒钟是世界上最漂亮的女人。每个诗人在一生中，总写过一首、一节、一行使他接近于世界上伟大诗人的诗歌。

每个女人在一生中，总有一天、一小时、一秒钟是世界上最漂亮的女人。每个诗人在一生中，总写过一首、一节、一行使他接近于世界上伟大诗人的诗歌。

多年来，我常常喜欢在海边伫立。在我同大海的关系中，我总感到缺乏那种简单自然、合乎人情、无所不包的，就像见面打招呼一样的用语。发明“你好”这一短语的人无疑是人类第一个伟大诗人。试想，人们见面时要是不说声“你好”，这世界将会多么悲伤、多么暗淡！

我伫立在大海边，倾听她那含义如此丰富的低声絮语，对她说不出一句最简单而含义又最广的问候，心里感到很难过。

于是，那个多布罗加青年特拉扬·科索维来了。他对我说：大海是个织女！

“大海——织女！”多贴切的称呼！

当然，大海并非任何时候都是织女。当她撞击岸边的崖石，或者被风暴袭击的时候，她都不是织女。可是，当她从遥远的地方把给人心田以抚慰的层层细浪不停歇地推涌到沙滩上时，她确是一个织女。她仪态文静、内涵丰富、神秘莫测。听着她那无尽无休的沙沙声，你就会觉得她是一个织女，而不会是别的。

“大海——织女！”开天辟地以来，她就一刻不停地抛掷着那使宇宙万物充满生机的、水花四溅的巨大梭子，将那匹宽广无边的大布——人类一切梦想和生命的长无尽头的纱缦织了又拆，拆了又织……

我伫立在大海边，思绪万千，可是找不出一句实质性的、简单明了而又深刻隽永的话同她打招呼。于是，那个多布罗加青年来了。他对我说：大海是织女！

因此，犹如我一开始所说的：每个女人在一生中，总有一天、一小时、一秒钟是世界上最漂亮的女人。每个诗人在一生中，总写过一首、一节、一行使他接近于世界上伟大诗人的诗歌。

■赏析

是呵，多么贴切而生动的称呼！

我们无法全面诠释我们的生命，但我们可以细数自己生命的每一个细节，既便平实、真率，但我们毕竟有自己的“水花”，有属于自己的“巨大梭子”，我们编织着生活的“纱缦”，用内心的柔情，用澎湃的激情……

是的，正如那个“织女”一样，在我们的一生中，“总有一天、一小时、一秒钟是世界上最漂亮的”人！

对 岸

>> （印度）泰戈尔

她美丽的脸庞和飞舞着的蝴蝶，在我的梦境中交叠重复出现，让我麻木荒芜的心灵，有了一些湿润与生动。

我渴想到河的对岸去。

在那边，好些船只一行儿系在竹竿上；

人们在早晨乘船渡过那边去，肩上扛着犁头，去耕耘他们的远处的田；

在那边，牧人使他们鸣叫着的牛游泳到河旁的牧场去；

黄昏的时候，他们都回家了，只留下豺狼在这满长着野草的岛上哀叫。

妈妈，如果你不在意，我长大的时候，要做这渡船的船夫。

据说有好些古怪的池塘藏在这个高岸之后。

雨过去了，一群一群野鹜飞到那里去。茂盛的芦苇在岸边四周生长，水鸟在那里生蛋；

竹鸡带着跳舞的尾巴，将它们细小的足印印在洁净的软泥上；

黄昏的时候，长草顶着白花，邀月光在长草的波浪上浮游。

妈妈，如果你不在意，我长大的时候，要做这渡船的船夫。

我要自此岸到彼岸，渡过来，渡过去，所有村中正在那儿沐浴的男孩女孩，都要诧异地望着我。

太阳升到中天，早晨变为正午了，我将跑到你那里去，说道："妈妈，我饿了！"

■赏析

看呵，那对岸旖旎的风光，那里有劳动的影子，有“竹鸡”的欢唱，还有“好些古怪的池塘”，那么神秘，那么叫人痴迷得快要发狂！

看呵，那“长草顶着白花”，那“犁头”多么光滑，在对岸的“牧场”之上，牛们耕耘的姿势显得多么生动、明朗！

“我”要到对岸去，那里有“我”的天堂，那里是“我”一生拼搏奋斗的地方！

“妈妈”，你答应了吗？

堂吉诃德的路

>> （德国）吕克尔

山谷里溪水愉快地谈着闲话，欢笑地跳过光滑的石子堆，急不能耐地向着蓝色地平线跑去。

太阳在微笑，天空是一片亮蓝色，快乐的云雀唱着欢歌。年老的橡树们亲密地私语着，互相报告一些秘密的喜讯。

山谷里溪水愉快地谈着闲话，欢笑地跳过光滑的石子堆，急不能耐地向着蓝色地平线跑去。什么也不能把它留在一个固定的地方；它过的是一种流动不息的生活，它竭力避免沾染上任何的固定性。

一股微风吹动草原的绿色地毯，花草都沐浴在朝霞中，从那千万颗露水里映出来无数像童话中的幻境那样的奇迹。

成群的蝴蝶在芬芳的花朵上飞来飞去，安静地畅饮着香甜的琼浆。它们享受着极丰盛的款待；它们不间断地参加宴会，拿那些沉醉的鲜花的甜液和香味来滋养它们这短促的生命。

蜜蜂在温暖的空气中嘤嘤地叫着，树丛里传出来各种小鸟的叫声，大群的蚊蚋在金色日光中快乐地飞舞。

树荫下蜥蜴们在古老的石头间窜来窜去，当一道移动的日光从摇曳的绿叶丛中漏下来，在地上织就千百种花样的时候，蜥蜴们的身上也闪烁着魔法般的光辉。

从邻村中传来清晰的铁锤敲击声和老铁匠的歌声，那时老铁匠忙碌地挥动着他那强壮的手膀，把那隐藏在坚硬钢铁中的音乐敲出来。一缕白烟徐缓地上升，消失在蓝空里，它像一个被法术释放了的拘禁的鬼魂似地隐去了。

整个世界都好像是极美丽的，自由自在的，一幅多么欢乐的图画，一个多么幸福的景象。太阳在笑。连整个空间都在笑，从每一丛灌木中发出顽皮的嬉笑声，仿佛一切把灵魂拖进深渊不让它碰到复活的机会的尘世的艰苦都跟着黑夜一块儿消失了。

全拉·满洽的人都穿着漂亮的节日衣服，正在向全世界讲述一个愉快的故事：他们中间有一个人出发去解放人类，把人类从历代相传的苦难中解救出来。

在他之前已经有许多人骑着马走到遥远的地方去了，他们不怕死，不怕艰苦，去找寻那个引诱的艾尔·多拉多，一直到现在还没有一个人敲过它的门，因为多少行诗人歌唱的幸福时代始终不曾实现。

在很远很远的地方，越过了那个作为我们最大渴望的终极目标的地平线，有着一个失去的天堂，四周用红金丝网篱围着，这是一个生命与欢乐之谷，在那儿任何的心愿都可以实现，一切的欢乐都是纯洁的。

这是一个不知名的大海中的一块绿岛，它的那种奇异而动人的光辉从远远一片蓝色中闪露出来，召唤着人们，它的景象落进人们的充满痛苦的心中像一个温柔的梦似的，这梦开出无数鲜艳的花朵，这梦促使英雄们动身走上那激烈战斗的路。

他们是那个远方景象邀请去的特选人，他们是守护思想的“圣杯武士”，他们是不怕死的勇士，为梦景所陶醉，不停步地走向星星的国土和奇迹的土地。

可是没有一个人回到他的家乡。他们不停步地浪游，一直到他们的眼睛昏花，一直到他们的活力耗尽；他们最后便死在异地，没有人哭他们，奇迹离他们还远得很，家乡也是同样地远。

他们中有的：骨头躺在炎热沙漠上，逐渐发白；有的：身体在阴暗树林中腐朽，死亡把它们全扫进深坑里去；死亡像影子似地跟在他们背后。

然而别人又出来追随这逐渐消淡的足迹，向那永恒不变的命运挑战，因为在他们的耳边老是响着一个深沉的呼唤声，他们的眼睛看见一个遥远的充满着奇珍的国土。这个国土引诱着他们，在召唤他们去，它像海妖的歌那样不可抗拒地迷惑了他们的感官，终于使得他们再也静不下心来，便动身去找寻那些从远远一片蓝色中梦似地召唤着人们的未知的世界。

现在一个新的英雄出现了，他的乡村再也留不住他，他到外面世界中去，作被压迫阶级的保护者，作美德与正义的守护人，在这个世界上再也找不到一个比他更高贵的了。他要用他的强壮的手臂庇护无辜的人，铲除专横与暴虐，让世界上的人过着幸福的日子。

所以今天全拉·满洽都穿上漂亮的节日衣服，像一个穿上结婚装的娇美的新娘那样甜甜地微笑着；空中散落下玫瑰花瓣。

■赏析

那是通往天堂的道路，它的终点遍布着鲜花和歌声，“任何的心愿”在那里都会实现，在那里，“一切的欢乐都是纯洁的”。

他出发了，他是“不怕死的勇士”，“为梦景所陶醉”，他沿着梦的方向前行，越过荆棘丛生的密林，越过陷恶的眼睛和世俗的舌头，“不停地走向星星的国土和奇迹的土地”。

他出发了，死神也出发了，他们一起并肩前行，他没有选择退路，是信念一直支撑着他们强硬的骨头，和死神搏斗……

你出发了吗?

■ 抱怨生活吗?

>> （南斯拉夫）安德里奇

我们知道：害怕退却，没有出路；我们也知道：中途抛锚，又要耽搁时间；我们更知道：任其漂摇，就有触礁沉没的危险！

抱怨生活吗？那又是为了什么呢？即便不久前我们还那么迫不及待地收下它所能给予我们的一切，但当它变得不再那么轻松愉快的时候就立刻抱怨它，看来是不公平也是没有道理的。这意味着我们破坏了我们自己参与并承认的那个游戏的规则。既然我们如此兴高采烈地领受了它轻松、光明的前一半，那么，此刻我们唯一的态度是：拿出我们的勇气、耐心和气度去经受和度过那沉重和阴暗的后一半。

■ 赏析

为什么要“抱怨生活”呢?

生活已经带给我们太多太多，那个温馨的小屋，那个貌美的妻子，那个天真的妖儿，那份醇厚的亲情友情，还有那么多的爱……你还“抱怨”什么?

当然，生活也会给我们带来阴霾和苦痛，也会有“不再那么轻松愉快的时候”，既然我们接受了它的“光明”，又何苦害怕经受它的“阴暗”呢？

不管生活是个什么模样，朋友，我们都要挺直腰杆儿，带着微笑，轻松地接纳它的到来吧！

■人 群

>> （法国）波德莱尔

生活，事业，人的一切都需要一种激情，就像一阵风，吹落倦怠的尘，露出它们内部的光。

并不是每一个人都可以在人群的海洋里漫游。要知道，享受人群的美味是一门艺术。而只有这样的人才能做到：与所有同类人不同，他生机勃勃、食欲旺盛，在襁褓中，神仙就使他染上了乔装改扮、戴纱掩面的癖好，又为他造就了厌烦家室、喜欢出游的毛病。

人群与孤独，对于一个活跃而多产的诗人来说，这是两个同义语，它们可以互相代替。谁不会使孤独充满人群，谁就不会在繁忙的人群中独立存在。

诗人享受着这无与伦比的优惠，他可以随心所欲地使自己成为他本身或其他人。犹如那些寻找躯壳的游魂，当他愿意的时候，他可以进入任何人的躯体中。对他自己来说，一切都是敞开的；如果说有什么地方好像对他关闭着，那是因为在他眼里看来，这些地方并不值得一看。

孤单而沉思的漫游者，从普遍的一致中吸取独特的迷醉。他很容易地置身于人群当中，尽尝狂热的享乐。这些狂热的享乐，是那些像箱子一样紧闭着的利己者，和像软体动物一样蜷曲着的懒惰者永远也得不到的。他接受任何环境给予他的任何职业、任何苦难和欢乐。

与这些难以形容的狂喜、与献身于诗歌和怜悯的灵魂、与突如其来的一切历险、与陌生的过路人相比，人们常说爱情是多么的渺小、有限和虚弱啊!

不妨告诉那些世上的幸运儿，哪怕只是为了煞煞他们愚蠢的骄气，天底下还有比他们的更大、更广、更深的幸福。殖民地的拓荒者，人民的牧师和浪迹在世界另一端的传教士们，也许会尝到一些这神秘的沉醉吧？他们置身于为自己的天性而建造的广阔的家庭之中，有时会笑那些为他们不安定的命运和朴素的生活而抱怨的人们。

■赏 析

“一个篱笆三个桩，一个好汉三个帮”。这句俗语道出了人与人群的密切关系。个人脱离人群，一如迷途的孤雁，又如鱼儿游离了大海，孤独无助，虚弱寂寞。

但“人群与孤独”之间，又可“互相替代”。融入众人之中，或暂时孤独，各尽其曲，各有其妙。这正如本文作者所说：“谁不会使孤独充满人群，谁就不会在繁忙的人群中独立存在”。

不能草率

>> （日本）堀秀彦

人生的路，无需做过多的准备，只要你迈步，路就会在你脚下延伸，只要你扬帆，便会有八面来风。

如果对现代人说你活得太草率了，他恐怕会勃然大怒。他会告诉你，他每天很勤奋地工作，星期天帮助老婆做家务，还要教育子女，还要储蓄，怎么会活得草率？

这话没错。不过，只是有规律地处理每天发生的事情，难道就叫做生活？在这样的生活里，你能感觉到真正的快乐吗？

说句抽象的话，假如你无法感觉到生活的快乐，就是活得太草率了。

赏析

何谓“草率”？

整日疲命于生活，忙前忙后，顾上顾下，左右奔突，东征西战。在重压下喘息，于枯燥乏味的生活节奏下困惑、抑郁，这难道能感觉到生活的快乐吗？相反，这只能是生活的奴隶。

作者以及其敏锐的眼光，关注人类生存的质量，抒发对生命、对生活的热爱，言语虽短，意味深长。

读完之后，自我反醒一番，你是否感觉自己活得有点儿“草率”？

■麻　雀

>> （俄罗斯）屠格涅夫

爱，比死和死的恐惧更强大。只有依靠它，依靠这种爱，生命才能维持下去，发展下去。

我打猎归来，沿着花园的林荫路走着。狗跑在我前边。

突然，狗放慢脚步，蹑足潜行，好像嗅到了前边有什么野物。

我顺着林荫路望去，看见了一只嘴边还带黄色、头上生着柔毛的小麻雀。它从巢里跌落下来（风猛烈地吹打着林荫路上的白桦树），呆呆地伏在地上，孤立无援地张开两只羽毛还未丰满的小翅膀。

我的狗慢慢向它靠近。忽然，从附近一棵树上飞下一只黑胸脯的老麻雀，像一颗石子似地落到狗的鼻子跟前——它全身倒竖着羽毛，惊惶万状，发出绝望、凄惨的叫声，两次扑向露出牙齿、大张着的狗嘴边去。

它是猛扑下来救护幼雀的。它用身体掩护着自己的幼儿……但它整个小小的身体因恐怖而战栗着，它小小的声音也变得粗暴嘶哑了，它在牺牲自己了！

在它看来，狗该是个多么庞大的怪物呵！然而，它还是不能站在自己高高的、安全的树枝上……一种比它的理智更强烈的力量，使它从那儿扑下身来。

我的特列左尔站住了，向后退了退……看来，它也感到了这种力量。

我赶紧唤住惊惶失措的狗——然后，我怀着尊敬的心情，走开了。

是呵，请不要见笑。我尊敬那只小小的、英勇的鸟儿，我尊敬它那种爱的冲动和力量。

爱，我想，比死和死的恐惧更强大。只有依靠它，依靠这种爱，生命才能维持下去，发展下去。

■赏析

这是爱的“冲动和力量”！多么强烈多么巨大！

从“那只小小的、英勇的鸟儿”身上，“我”第一次目睹了爱的神圣爱的无私、博大，这是至诚之爱，在死亡面前，它最终选择了“比死和死的恐惧更强大”的爱，它扑下来，“发出绝望、凄惨的叫声”，为了爱，“它在牺牲自己”！为了爱，它甘愿奉献自己！

是爱，延续着万物的生命！

是爱，构筑了我们整个世界的和谐和完美！

■门　槛

>> （俄罗斯）屠格涅夫

真正的人生当然不是为着冒险，但拒绝冒险就绝不是真正的人生。

我看见一所大厦。

正墙一道狭窄的门敞开着；门外，阴沉的浓雾一片迷蒙。在高高的门槛前，站着一个姑娘……一个俄罗斯姑娘。

那咫尺莫辨的浓雾里，寒流滚动；同时，随着冰冷的气流，从大厦里传来了缓慢的、喑哑的声音。

——呵，你想跨进这道门槛，你知道等待着你的是什么吗？

——知道，——姑娘回答说。

——知道寒冷、饥饿、憎恨、嘲笑、蔑视、侮辱、监狱、疾病，甚至死亡吗？

——知道。

——知道你会跟人世隔绝，完全孤零零一个吗？

——知道……我准备好了。我愿意经受一切苦难，一切打击。

——知道不仅要躲开敌人，而且要抛弃亲人，离开朋友吗？

——是的，……都可以离开他们。

——好吧。你情愿去牺牲吗？

——是的。

——去作无谓的牺牲吗？你将会死去，而且任何人……任何人都将不会知道你的名字，不会把你纪念！……

——我不需要任何感谢，也不需要任何怜悯。我不需要名声。

——你情愿去犯罪吗？

姑娘低下了头……

——也准备去犯罪。

不一会，门里边的声音又重复自己的提问。

——你知道吗，——他终于说道，——你可能不再相信你现在信仰的东西，你可能会领悟到你是受了骗，白白地牺牲了自己年轻的生命吗？

——这我都知道。反正我要进去。

——进来吧！

姑姑跨进了门槛——随后，在她后边落下了沉重的门闸。

——一个傻瓜！——有人在后边咬牙切齿地骂了一句。

——一个圣洁的女人！——从某处却传来一声回答。

■赏析

其实，在每个人的面前，都有“一道狭窄的门”，它“敞开着”，于“浓雾”和“寒流”之中，你根本无法辨清门内的世界。

你站在门口，是进呢？还是退呢？面对“冰冷的气流”，你是听命于那个“缓慢、喑哑的声音”的摆布，还是像那个“俄罗斯姑娘”一样，勇敢地射出自己的双足？

你自己的命运完全靠你自己去把握，可不要在那些阻挠、谩骂和赞赏之中迷失了自己的身子！

灯 光

>> （俄国）费·柯罗连科

站起身来，抖掉前尘往事，也抖掉心中的落寞，用坚实的脚步去踏响今日的旋律也踏响明日的晨歌。因为我们必须以奋进的姿势不留给未来一丝遗憾，我们必须以成功的绚丽为生命增添一点亮色。

很久以前，一个漆黑的秋夜，我乘坐一叶扁舟，航行在西伯利亚一条阴沉沉的小河上。突然，前面，小河的拐弯处，黑压压的峰峦下，闪出一点火光。

灿烂，耀眼，就在很近的地方一闪……

“啊，谢天谢地！”我高兴地说，“快要到宿地了。”

船夫掉过头来看了一眼，又无动于衷地俯身划桨。

“还远哩！”

我不相信：那灯光划破茫茫的夜色，就出现在眼前。然而船夫说对了，它的确还离我们很远。

在如磐的黑夜里，火光的特点就是不断战胜黑暗，时隐时现，给人以希望，促你前进，而渐渐临近，似乎只要再挥两三桨，行程就结束了……而其实呢，还远着哩！

我们又在黑如墨染的河面上划了很久。两岸的峡谷和峭壁相继出现，慢慢临近，又依次离去，落在后面，像是消失在无边无际的远方。而那火光仍然在前面闪耀着，若明若暗，似近又远，召你前行……

直到现在我还常常回想起那条黑沉沉的河流，那壁立两岸的层峦叠嶂和那点生气勃勃的火光，在这以前和以后都有许多闪耀的火光就像近在眼前似地召唤着夜行者奋勇前进。

但是生活却仍然在阴霾的两岸之间奔流，奔流，光明依旧那么遥远。所以只好又俯身继续挥桨。

但是，毕竟……毕竟前方——光明在召唤！

■赏析

读过这篇《灯光》，好像在我们眼前亮起了一盏明亮的灯。它召唤我们前行，也启发我们深思。

读者恐怕大都有如作者那样的夜行的经验，也可能会产生如作者那样的真实感受。在当时，我们一定恨不得立即到达自己的目的地，可是前方的路途好像在故意捉弄我们，依然无动于衷地继续延伸。“而其实呢，还远着哩！”此时此刻，正是考验我们意志的时候，看我们能不能再努一把力。由于路程不算太远，所以还没等我们真正体味出其中的哲理，我们已经弃舟登岸。故而也就失去了如作者那样的深刻的感悟。

其实，人生的长途恰如一叶夜行的扁舟，行驶在“阴沉沉的小河上”。在你的前方，由于夜色苍茫，你根本无法预知还有什么激流和险滩，有多少埋伏和暗礁。你只有在迫近的环境前作出你自己的最大努力，去争取一个较好的结局。有的人能够很好地抓住机遇，依靠坚强的意志，保持高昂的斗志，经过不懈的努力，终于到达理想的彼岸。有的人却缺乏必要的毅力和勇气，把握不好自己的命运之舟，结果只好随波逐流，不知身在何乡。

寄 语

>> （法国）纪德

当你心中没有偶像的时候，你就成了别人眼中的偶像。

奈带奈蔼！如今，抛开我这书。使你自己从我的书中解脱出来。离开我！离开我，如今你已使我厌烦；你纠缠着我；往昔对你过分的爱使我分心，我已倦于佯作教育别人。何时我曾说我要使你和我一样？——我爱你，因为你和我不同；我在你身上所爱的只是与我不同的部分。教育！我还能教育谁，除了教育我自己？奈带奈蔼，用得着对你说吗？我不断地爱着自己的教育。我继续着。我的自重永远只在我自己所能做到的。

奈带奈蔼，抛开我这本书；别在那儿觅得你的满足。别相信你自己的真理可以由另一个人给你找来；尤其，你应以此认作是一种耻辱。如果我给你把粮食取来，你不会感到饥饿；如果我给你把床铺就，你不会再有睡意。

抛开这本书；千万对你自己说：这只是站在生活前千百种可能的姿态之一，觅取你自己的。另一个人能和你做得同样好的，你就不必做。另一个人能和你说同样好的，你就不必说，——写得同样好的，你就不必写。注意你认为除了在你自身以外任何他处所没有的，而静心地，或是急切地，从你自身建立起，唉！人群中最不能更替的一员！

■赏析

“奈带奈蔼”，从“我”的书本中走出来，从“我”殷殷的呵护之下挣脱出来，你就是你！你应该有自己的生活，把“我”的一切东西一概扔掉，连同“我”的思想。

“奈带奈蔼”，“我”只是“站在生活前千百种可能的姿态之一”，你何苦要追随“我”的影子？你也应该有属于你自己的“姿态”。相信自己，“从你自身建立起”自己的信念，自己的目标！

■ 枕边漫读风雨天气的故事

>>（英国）普里斯特利

在青春的日子里历经一场大雪，脚步不但不会冻僵，而且还会越迈越宽。

有一件别致的赏心乐事，我虽然在年幼的时候体验最深，现在却依然能尝到它的滋味：在风雨猛击窗扉的同时，舒适地漫读关于风雨天气的故事。此时在窗外，风裹着雨，雨夹着雪，而室内，从纸上映入眼帘的也是风裹着雨，雨夹着雪，自己则无忧无虑，别有一番闲情逸致。旧时的传奇作家必定意识到了此情此景给读者带来的那种奇特的喜悦，也许就是因为这个缘故吧，他们的许多故事都有一个可亲可爱的开头，总是让孤寂的骑士首先上场。他们全身披挂，肩负着公爵大人所赋予的紧急使命，跃马驰骋在茫茫黑夜之中，而赖以充饥的不过是偶尔的一点点似乎是蔬菜熬肉糊或肉馅饼一类的东西，外加一两口酸葡萄酒（总是由乖戾的小店主或那些紧锁眉头的女人端上）。他们奔波在那泥泞的荒野小径上，迎着狂风暴雨，迎着闪电雷鸣，迎着冻雨冰雹，迎着鹅毛大雪，恶劣的天气严峻得无以复加。窗扉嘎嘎作响，冰雹穿过烟囱敲击着壁炉里堆放着的纸。我躺在被窝里，除了一只手臂冻得冰凉，浑身上下都舒适暖和。此时我还随同义侠勇士长途跋涉，冒着黑夜最恶劣的天气，遍踏泥泞的万里征途，并且同他们一起朝天大喝一声：“呸！”

■赏析

于急风骤雨之中聆听“义侠勇士长途跋涉”的声音，聆听生命深层铮铮作响的豪迈和奔放。你可否有一种“闲情逸致”？有一种“奇特的喜悦”和冲动呢？

其实，我们的生命每时每刻都在接受恶劣的环境的磨练和锻打，“迎着闪电雷鸣，迎着冻雨冰雹，迎着鹅毛大雪”，去找寻那份“舒适暖和”，去找寻生命底层的那份天真。

你找到自己坚挺的影子了吗？

■断章五篇

>>（法国）罗曼·罗兰

既然世界一片昏暗，那么让阳光在我们心中照耀吧；既然四周一片空虚，那么让我们的内心得到充实吧。

为了呼吸

我们不能满足于永远不变的秩序。我们在这个秩序中呼吸。一旦它被邪恶的行为所浊化，为了呼吸，我们就有责任把玻璃窗敲碎。

爱的光明

纵使世界上芸芸众生千差万别，如同运转在太空中的亿万星辰，但照耀着阻隔心灵的，却是那同一缕爱的光明。

创造上帝

人们说："上帝创造了人"。其实，是人更成功地创造了上帝！而且，创造上帝的任务还远未完成。

既然世界一片昏暗

既然世界一片昏暗，那么让阳光在我们心中照耀吧；既然四周一片空虚，那么让我们的内心得到充实吧；让我们设法改造这个世界，同时也改造我们自己吧！

永不消失的

说话，亲吻，偎抱，都可以淡忘；但两颗灵魂一朝在过眼烟云的世态中相遇了，认识了以后，那感觉是永远也不会消失的。

■赏析

活在世上，就要活出点儿人模人样儿。切莫让“邪恶的行为”阻塞了我们的“呼吸”，切莫让“黑暗”扼杀我们自己。射出自己的双脚，让“爱的光明”永远照耀心底，让坚实的臂膀创造生命的奇迹。“既然世界一片昏暗”，我们何不用心灵的阳光去填补那一片空寂？那“永远消失的”是我们的肉体，那“永不消失的”是我们的灵魂……

海上遐思

>> （法国）克洛岱尔

拥抱太阳，奔向明天。我们的足音踏着节拍，时代的花蕾会应声怒放。

船舶在岛屿之间迂回；大海异常宁静，仿佛不存在似的。此刻是上午十一点，不知道是否在下雨。

旅行者的思想回到去年。他记起了夜半横渡大洋和狂风、海港、火车站，开斋节前那个星期天的到来，朝家的疾驶，而透过被泥土玷污的窗玻璃凝望着群众的节日活动。人们安排他和亲友们相会，带他参观故地，然后，又要走了。苦涩的会见！似乎为了让他拥抱一下逝去的岁月。

这使得归来比离去更加凄凉。旅人作为客人回到家里；他对一切都是陌生的，一切对于他都是奇特的。女仆，你把外套挂在一边就行了，不要拿走。必须重新离去！这位可疑的过客在屋内桌旁坐下来。可是，亲友们！这位过客耳中回响着列车的轰隆和大海的喧哗，像梦幻者一样被他脚下还感觉得到而且将把他带走的深沉的运动摇晃着，他和你们从前陪送到火车站站台上的他不再是同一个人了。分离已经成了事实，流亡生活从今和他结下了不解之缘。

赏析

流亡是世间万物的既定运动。形式各异，实质相同。

旅行者，顾名思义，不管春夏秋冬，竭力朝着既定目标前进运动。偶尔回归故里，也是因为那拳拳的亲情、乡情。

人就是这样，时时刻刻都在流亡，尽而生产了财富，写就了历史，创造了文明。

人在流亡中出生，在流亡中成长，在流亡中奋斗，在流亡中走向生命的最终。

■ 难忘的八个字

>> （加拿大）玛丽·安·伯德

礼品，要有个包装，藏起一份意外的惊喜；人性，却无需华衣，什么也美不过原本的真实。

随着年龄的增长，我发觉自己越来越与众不同。我气恼，我愤恨——怎么会一生下来就是裂唇！我一跨进校门，同学们就开始讥嘲我。我心里很清楚，弯曲的鼻子，倾斜的牙齿，说起话来还结巴。

同学们问我："你嘴巴怎么会变得这样?" 我撒谎说小时候摔了一跤，给地上的碎玻璃割破了嘴巴。我觉得这样说，比告诉他们我生出来就是兔唇要好受点。我越来越敢肯定：除了家里人以外，没人会爱我，甚至没人会喜欢我。

二年级时，我进了老师伦纳德夫人的班级。伦纳德夫人很胖，很美，温馨可爱，她有着金光闪闪的头发和一又黑黑的、笑眯眯的眼睛。每个孩子都喜欢她、敬慕她。但是，没有一个人比我更爱她。因为这里有个很不一般的缘故——

我们低年级同学每年都有"耳语测验"。孩子们依次走到教室的门边，用右手捂着右边耳朵，然后老师在她的讲台上轻轻说一句话，再由那个孩子把话复述出来。可我的左耳先天失聪，几乎听不见任何声音，我不愿把这事说出来，因为同学们会更加嘲笑我的。

不过我有办法对付这种"耳语测验"。早在幼儿园做游戏时，我就发现没有人看你是否真正捂住耳朵，他们只注意你重复的话对不对，所以每次都假装用手盖紧耳朵。这次，和往常一样，我又是最后一个测验。每一个孩子都兴高采烈，因为他们的“耳语测验”做得挺好。我心想老师会说什么呢？以前，老师们一般总是说“天是蓝色的”，或者是“你有没有一双新鞋”等等。

终于轮到我了，我把左耳对着伦纳德老师，同时用右手紧紧捂住了右耳，然后把右手抬起一点，这样就足以听清老师的话了。

我等待着……然后，伦纳德老师说了八个字，这八个字仿佛是一束温暖的阳光直射我的心田，这八个字抚慰了我受伤的心、幼小的心灵，这八个字改变了我对人生的看法。

这位很胖、很美、温馨可爱的老师轻轻说道：

“我希望你是我女儿！”

■赏析

人间最美是真情。

“我”一度是个多么受伤的女孩儿，先天的不足夺走了多少童年的欢乐，“我气恼，我愤恨”，“我”在同学们“讥嘲”的目光中生活着，“我”被排斥在快乐的门外——一个阴暗的角落……“我”多么需要来自他人的关爱和抚慰！

“这八个字改变了我对人生的看法”，“我”重新找回了自尊，找回了爱，“我”平生第一次体会到爱的博大、无私……

既然有爱存在，“我”为什么不能享受生活、热爱生活呢？

■自己的声音

>> （美国）伊格内托

活得真实，如果能成为一种心灵的习性。活得真实，怎知不是一层人格的亮色？

我正吮吸着我的死亡，吞食着我的生命，咂摸着我的灾难。我自己的恐惧充满我的身躯。我是我自己人生的隐喻，是我的思想的外形和色彩，是我生之声的音调，是我生之行的描绘。我是我生命的诗歌，悲怆、温婉、时怒时喜，既伤害着，又愈合着；是对自己和他人的一个创伤，一张药膏。我不能模仿任何别人的诗歌，他人也无法模仿我的。那么，我们何以能互通心息？要是知道就好了，但我们只是存在着。明白我是什么，别的一无所知，这无知充满着我。知道别人了解他们自己，我还期望他们懂得更多，好在我们之间保持一段距离。这距离之间空空荡荡，没有任何东西，只有我们的声音在响着。这就是我们相互交流的方式，各自写自己的诗，通过诗，我们彼此相认。有些诗令人厌恶，我们要么背对着它们，要么让它们寂然无声；而另一些诗吸引着我们，因为它们被吸引着。还有我们的情人，我们进入他（她）们的生命，并成为他（她）们的一部分，仿佛我们是以自己的声音从他（她）们脱胎而出。但我们照例以没有兴味之由摈弃他（她）们，因为发自我们自己体内的声音是卓然无二的。

■赏析

在这个世界上，“我”是独一无二的，“我”的声音是无可替代的。

我们每一个人都是一首歌，各自用独特的声音唱着，永远都不可能与他人相同，永远没有人可以完全理解歌曲的内涵。因为“我们之间保持着一段距离”，距离中“只有我们的声音在响着”。有些歌我们不屑一顾，有些歌将我们吸引，我们也有可能进入别人的歌中，但我们的声音却不会与之重合。

“我”是“我”自己，“是我生之声的音调，是我生之行的描绘”。

■ 走向我

>> （美国）伊格内托

有些人，爱不敢爱，做不敢做，恨不敢恨，样样计算得清清楚楚，有几分耕耘有几分收获，样样看不开，不如做个电脑算了，起码没有烦恼。

这不成问题，然而，一个人要是没有被人爱着的感受，他就会绝望起来。我正绝望着。我怀疑这生命还有什么情由捱下去。我感到什么东西迫逼着我放弃生而消失，而被遗忘。我满心悔怨。这悔怨就像一场早夭的爱情所生出的那种，别人因无能爱我而生出的那种。他们自己的不合适滋生的悔怨终将临到他们身上。他们发觉无法合适地爱他们自己，正因为他们不能把爱给予我。他们，像我一样，陷入了困境，对自己和他人都绝望了。他们活着，只是眼睁睁地看着事过时迁、人老人亡——这也算是对被他人被自己所忽视的一个小小的胜利。那么，张开双臂走向我。让我们在相互认识的苦痛中紧紧拥抱，使我们不致因悲伤而倒伏于地。

■赏析

“没有被人爱着的感受”的人会绝望，对生命的价值没有兴趣，对生活的好坏不去在意。他们的抱怨亦终将伤害自己。“他们眼睁睁地看着事过时迁，人老人亡”。

绝望的人，请走向同样绝望的我吧！我们彼此关怀，彼此珍爱，在苦痛中“紧紧拥抱”。这样，“我们不致因悲伤而倒伏于地”。

头发的世界

>> （法国）波德莱尔

你的头发里藏着整整一个梦。到处是白帆，到处是桅杆。这里更有浩瀚的海洋；大洋上的季风吹动着我，奔向令人心醉神迷的地方，那里的天空更加湛蓝、更加高远；那里的空气浸透了果实、树叶和人体皮肤的芳香。

让我长久地、长久地闻着你的头发吧！让我把整个脸庞都埋在里边吧——就像一个口渴的人把头伸进一股泉中；让我用手抚弄你的头发吧，仿佛挥舞一方散发着香气的手帕，让回忆在空中飘荡。

啊！如果你能知道在你的头发中我所看到的一切、感到的一切和听到的一切！我的心灵在香气上漫游，就像别人的心陶醉在音乐之中。

你的头发里藏着整整一个梦。到处是白帆，到处是桅杆。这里更有浩瀚的海洋；大洋上的季风吹动着我，奔向令人心醉神迷的地方，那里的天空更加湛蓝、更加高远；那里的空气浸透了果实、树叶和人体皮肤的芳香。

在你密发的海洋里，我瞥见一个小港，充满着哀伤的歌声，拥挤着各民族的强壮汉子；在永远被炎热笼罩着的广阔天空下，各式各样的船只停泊在那儿，显出那精致的复杂的构造。

啊！抚摩着你浓密的长发，我又感到长久的忧郁和寂寞——美丽的船儿在水波上轻轻地悠荡着，船房里，我久久地坐在沙发上，一边是几盆花，一边是几只凉水壶。

在你这火炉般炽热的头发中，我又呼吸到掺有糖和鸦片的烟草气味了；在你头发的静夜里，我看到热带蓝色的天空在闪耀；在你毛茸茸的头发的海滩上，我又沉醉在柏油、麝香和可可油的混合气味之中。

让我长久地衔住你乌黑粗大的辫子吧！当我轻嚼着你这倔强的、富有弹性的头发时，我仿佛在吞食着回忆……

■赏析

让“我”置身于你“头发的世界”，感知生命的美丽和博大，感知自然界伟岸而挺立的胸膛，感知你的呼吸，你的微笑，你的豁达……

这是“头发的世界”，这是酝育生命的温床！

甜蜜、酸涩的回忆飘浮在“我”的眼前，但“热带蓝色的天空”依旧在闪耀，“我”心中的那片“白帆”就要远航……

“在你密发的海洋里”，生活显得多么浪漫，生存显得多么“倔强”！

仰望天空

■ 春天的奇迹

>> （德国） 黑塞

春光如海，古人的譬喻多妙，多恰当。只有海，才可以形容出春的饱和，春的浩瀚，春的磅礴洋溢，春的澎湃如潮的活力与生机。

年复一年，我总是满怀焦躁和渴求的心情期待这个季节的来临，好似我必须解开万物苏生这一特殊瞬间的奇迹之谜，好似必须出现这样的情况，使我有一个钟点的时间得以极其清晰地目睹、理解、体会力量和美的启示，要看一看生命如何欢笑着跃出大地，年轻的生命如何向着光亮睁开它们的大眼睛。

年复一年，奇迹总是带着音响和香味从我身边经过，我爱着、祈求着这种奇迹——却始终没有理解；现在，奇迹已在眼前，但我却没有看见它是如何来临的，我看不到幼芽的外衣如何裂开，看不到第一道温柔的泉水如何在阳光下微微颤动。

突然间，到处是一片繁花似锦，树木上点缀着明晃晃的叶子，或者是一朵朵泡沫般的白花，鸟儿欢唱着在温暖的蓝天上划出一道美丽的弧形。虽然我不曾亲眼目睹奇迹是如何来临的，但是奇迹确实已经变成了现实。枝叶繁茂的树林形成了拱形，远处的山峰在发出召唤，到时候了，快快准备好靴子、行李袋、钓竿和船桨，去尽情享受新一年的春天吧！我觉得，每一个新的春天总比上一个更为美丽，但是也总比上一个消逝得更为迅速——从前，我还是一个孩子时，那时的春天多么的漫长，简直是没有尽头！

■赏 析

是的，“每一个新的春天总比上一个更为美丽，但是也总比上一个消逝得更为迅速。”——这难道仅仅是春天的流逝吗？这更是生命和激情的流逝呵。

追忆春天，追忆那段生命澎湃的旅程，让“春天的奇迹”变成“现实”，让人生“划出一道美丽的孤线”，为春天喝彩，为我们激越的生命喝彩！

让我们重新走回那个天真烂漫的孩提时代，享受那“多么漫长的春天。”让我们把激动的嗓子挂在残败的冬天的边缘，深情地高呼：“春天永驻！青春永驻！”

又是一个春天

>> （法国） 贝尔特朗

你的欢乐已被印上时光的冰凉之吻，时光在痛苦的怀抱中窒息，但时光流逝而你的痛苦却依然。

又是一个春天，——又来一滴露水，它会在我的苦杯中滚动片时，然后又像一滴泪水那样逸去！

噢，我的青春！你的欢乐已被印上时光的冰凉之吻，时光在痛苦的怀抱中窒息，但时光流逝而你的痛苦却依然。

噢，女人啊！是你们夺去我生命的光采！如果说在我爱情的离奇遭遇中有谁是骗子，那可不是我，如果说有谁受了骗，那不会是你们！

噢，春天！你是只小候鸟，你是我们一时的客人，你忧伤的歌声在诗人心中、在橡树丛中回荡！

又是一个春天，——又来一片五月的阳光，抹到青年诗人的额上，照临人世间，照到老橡树的树冠，射到树丛之内！

赏析

“又是一个春天”，它在“我”的苦痛中徘徊片刻，而后风一样的散逝。“我”的欢乐不复重回了。痛苦的时候，时光是如此的难捱；时间的流逝，带不走“我”的痛苦。

“又是一个春天”，像“我”过往的爱情一样美丽，然而，留下的只有伤心与惆怅。青年诗人在“五月的阳光”里回想“离奇遭遇”，他认为，春天是“一只小候鸟”。那么，女人呢？

■ 散步者

>> （法国） 克洛岱尔

对于我，我双脚均衡的运动帮助我度量最轻微的召唤的力量。在我灵魂的静默中，我感到一切事物的魅力。

这小鸟的歌唱我听来多么清晰和欢乐！那边乌鸦的叫声我听来多么悦耳！每棵树个性鲜明，每只小动物扮演自己的角色，每种声音在交响乐中有它的位置，就像人们说他们懂音乐，我懂得大自然，我把它当作一个仅仅由专有名词构成的详尽的故事。随着漫步，随着时光的流逝，我在教义的发展中前进。从前，我高兴地发现世间事物存在于某种和谐之中；而现在这种使黑色的松树和淡绿的槭树相映成趣的隐秘关系是我的目光独自发现的；我探索恢复事物本来的面目，我称此为修正。我是创造的督察，我是现存事物的检验者；这世界的坚固是我极乐的源泉！平时，我们只看见事物的用途，而忘记事物赖以存在的纯洁的本质；可是，在南方，在长时间的工作之余，穿过树丛和荆棘，我走进林间的空地，用手抚摸一块滚烫的巨石。我的发现可以和亚历山大进入耶路撒冷相比拟。

我走着，走着，走着！每个人身上都包含指导他们行动的独立的原则，而依靠这种行动，人们朝他的食粮和工作走去。对于我，我双脚均衡的运动帮助我度量最轻微的召唤的力量。在我灵魂的静默中，我感到一切事物的魅力。

我懂得世界的和谐：什么时候我将掌握他的旋律?

■赏析

我就是自然，自然就是生命。

自然是世间万物之母，它的一生只有奉献没有索取。但自然的奉献，虽有无限个善始，谁见过几个善终？人和自然应和谐相处，祸福相依，血脉相溶。善待自然，即善待芸芸众生，虐待自然，即毁坏了人类的生存环境。

让自然轮回永驻，让人类活动常青。

■ 雨

>> （法国）克洛岱尔

对于我，时间停滞了。我侧耳倾听，并非等待时钟的鸣响，而是思索着圣诗无数平淡的声韵。

透过我对面的两扇窗子、我左边的两扇窗子和我右边的两扇窗子，我看见、我听见下着瓢泼大雨。我想大约是午后一刻钟：我四周，全是光和水。我像一只气泡里的昆虫，享受着被雨水囚禁在室内的安全感，用钢笔蘸着墨水，写下这首诗。

这决不是毛毛细雨，这决不是凋零、朦胧的雨。云彩擦着地面，猛烈地、气势汹汹地向地面扑过去。空气多么凉爽呀！青蛙在湿润厚密的草丛里甚至忘记了池沼！雨停了也不用害怕；这场雨多么充沛，多么令人惬意。土地不见了，房屋浸在水里；被淹没的树木淌着水，河流似乎也淹没了。对于我，时间停滞了。我侧耳倾听，并非等待时钟的鸣响，而是思索着圣诗无数平淡的声韵。

然而，雨在傍晚停了，而积聚的云彩准备进行更阴沉的进攻，犹如战斗正烈时从天巅直扑下来的伊里斯；一只黑蜘蛛停下来，头朝下，倒悬在我的窗口当中。天已经暗下来，要点灯了。我用这滴墨水向暴风雨奉献我的祭奠。

■ 赏 析

多么猛烈的雨水“从天巅直扑下来”，四周是被雨水浸泡的湿柔，“我”停留在凝固的时间里，感觉这场雨水穿透季节的声音，感觉它狂虐的身子飘浮于万物之上，扫除一切晦暗和阴影。

多么盛大的雨水，淌过我的思想，像“圣诗无数平淡的声韵”，带给我真实而“惬意”的快感，那只“黑蜘蛛”是不是时间“倒悬”的尸体？是不是“我”凝重而深沉的思索呢？

大自然的启示

>> （日本）松下幸之

若是人的思绪有定则可寻，就算不时会心慌意乱，终究会令人泰然自得。所以，纵然欢喜，也不必得意忘形；纵然悲戚，也不必怨天尤人。

云，快快慢慢、大大小小、白白淡淡、高高低低，没有一刻保持着相同的模样。仿佛是溃散崩离，又不像在溃散崩离中；一瞬间、一瞬间变化着的云朵，在深蓝色的夏空中，以各式各样的姿态飘流而去。

云朵的变化，恰似人的心、人的生命。人的心天天都在变动，因此，人的际遇也是昨日不同于今日。那明明暗暗、各式各样的人生，那分分秒秒都变幻莫测的人生际遇与命运，不禁使人又喜又叹。喜也罢，悲也罢，人生仿佛流云，时时在移动变化，不作片刻的停留。

若是人的思绪有定则可寻，就算不时会心慌意乱，终究会令人泰然自得。所以，纵然欢喜，也不必得意忘形；纵然悲戚，也不必怨天尤人。每个人若能保持坦诚、谦虚的胸怀，在自己的工作岗位上，认真负责地工作，必可体会出那漫长人生中的无穷情趣。

赏析

变化多端的云，飘忽于天际之上，它们相互簇拥着、汇集着，倏尔又溃散崩离。

作者以云朵的变化，寓意“人的心，人的生命”的变化，人生如流云，无时不悠悠。而这里所说的“悠悠”，是要求我们必须“保持坦诚、谦虚的胸怀”，必须保持“认真负责的工作”作风。

今天，让我们都来做一次导演吧，演员是谁呢？还是你自己。在流云的人生之中如何扮演好自己的角色，那还得靠你自己正确地把握。

■栗 树

>> （法国）普鲁斯特

是否在了望远方星空的时候，望不见自己心灵的彼岸？

当秋天把栗树催黄时，我特别喜欢驻足于一望无际的树丛下。我长长地呆在这神秘、嫩绿的洞穴里，仰望头上飒飒作响的浅金色瀑布，它们将鲜明和幽暗洒进洞内。我羡慕能在树枝中幽深易断的绿色楼阁里栖息的红喉鸟和松鼠。两个世纪以来，这些古老的空中花园每逢春天便百花簇拥，芬芳四溢。微微弯曲的树枝傲然倒垂，好似棵棵种在树干上、根朝上而冠朝下的树。叶子已经掉落的树枝看上去结实黝黑，它们围绕着树身，在未调零的淡淡的树叶衬映下，显得愈加醒目，宛如一把奇妙的梳子篦着一片金黄色的柔发。

■赏 析

在“一望无际的树丛下”，我听到了多么强大的生命的博动，感受生命深层的“芬芳”和美丽。那“结实黝黑”的树枝，那“浅金色的”叶的“瀑布”，那“百花簇拥”的枝头，无不透出生命的强大、生命的魔力。

驻足于你“金黄色的柔发”之下，恬读你的凝重，你的深沉，你的蓬勃焕发的生机，“我”似乎听到了生命的呼唤，听到了那生存之上强劲的呼吸……

■散　步

>> （法国）普鲁斯特

渴了，喝一杯老茶，舒散浑身的筋骨；累了，抽一支老烟，点起新的热情……

尽管天空如此纯净，阳光也已暖融融的，风却还是这般的冷。树像是在冬日里一样，光秃秃的。为了点头，我得从看上去像枯死的树枝中砍下一根。树叶溅湿了我的胳膊，结了冰的树皮下亮出了一颗纷乱的心。树干之间冬天曾是赤裸裸的土地长满了银莲花、黄水仙和紫罗兰。柔和而富有生气的蓝天懒洋洋地躺在一条条昨天还是晦暗空空的河流的深处。不要说这是十月美丽的黄昏，静卧水底的暗淡倦慵的天空像是殒于爱情的忧伤，那恰恰是如火如荼而又温柔欢快的天空，它在随时随刻改变颜色，从灰白到碧蓝，再到粉红。那并非是悠悠愁云笼罩的缘故，而是闪亮滑溜的鱼鳍划动——一条鲈鱼、一条鳗，也许是一条胡瓜鱼。它们沉醉在欢乐之中，在水天之中畅游，置身于它们的草地上和大树下，那也是容光焕发的春天守护神给予我们的赐物。水流轻快地滑过它们的头部，在它们的两鳃之间和肚子下面欢唱，催赶它们嬉逐前面的阳光。

家庭饲养场——捡蛋得去那儿——也丝毫不减它的风貌。太阳犹如一位充满灵感的多产诗人，一视同仁地把美酒向哪怕是最鄙陋的地方——在这以前它们和艺术范畴似乎还没缘分——温暖着厩肥、铺路石大小不等的院子以及像年迈的女佣一样的折弯的梨树。

那么，在乡野和农场的天地里，打扮得珠光宝气，唯恐弄脏身上而踮脚前行的是谁呢？这是朱诺之鸟，身上那闪闪发光的不是没有生命的宝石，而是百眼巨人的眼睛，奢华无比的孔雀使这里的一切震惊。恰似在一个节日里，当第一批客人即将光临之际，藏在尾部多变的长裙里的天蓝色护颈已套上她华丽的脖子，她头顶冠毛，俨然是个光彩夺目的主妇。她穿过庭院，迎着聚在栅栏前看热闹的人群赞叹的目光走去，看来她要作最后一次吩咐，或在等待一位她必须在门口恭候的王亲。

哦，不，孔雀的一生就是在这里度过的，家禽饲养场里这只名副其实的极乐鸟栖止在鸡鸭群中就像被监禁的安德洛玛克置身于奴隶当中纺羊毛，而身上华丽的王室标记和世袭的珍宝饰物却未被剥夺；光芒四射的阿波罗即使是在照管阿德墨托斯的羊群时，又有谁会认不出呢？

■ 赏 析

看呵，美无处不在。大自然赋予所有生命同等的生存权利，同等的美丽。“哪怕是最鄙陋的地方”，阳光也“一视同仁”地把她的爱播洒过去，在这个“如火如荼而又温柔欢快的天空”下面，一切都致为美好，连同那个不起眼的“家庭饲养场”，连同那个“朱诺之鸟”……

看呵，美无处不在。这是生命之美、艺术之美呵，只要你珍惜，只要你善待生活，还怕找不到那随处可撷的美吗？

■ 爱的觉悟

>> 大雷格·诺瓦

柔情蜜意怎样好？好不过，笑着分手的结果。

卿卿我我不是错。错在于，强扭的瓜是苦涩。

甜言蜜语怎样假？假不过，你用真心敷衍我。

海誓山盟没白说。说不清，谁先对谁去承诺。

不散不见，不见不散。天涯明月见，雨打梨花散。

近来，我在教 12 岁的女儿学用假蝇饵垂钓。这通常既有趣又安全，不过也有麻烦的时候。我教女儿时一点儿也不敢掉以轻心。

早春时节，我最中意的那片水塘便开始有蜉蝣出现。这种小昆虫身体略呈紫红，正如树木开始长出嫩叶前那种特有的赭色。为把这种颜色掺入人造蝇饵，我在用来充作绳体的仿狐皮中加进一点紫毛。此外，我又买了一些澳大利亚袋貂皮，取一块放在锅里染色。

染的时候，我站在锅的一边，女儿站在另一边。她突然问我："爱的滋味是怎样的？"口气坦诚率真，宛若在问我水里什么时候有白色的蜉蝣。

我俩透过锅里腾起的紫色雾气相互对视着。"有各种各样的爱。"我回答。

"比如说？"

"嗯，你可能会热恋。"我说。女儿望着我，似乎在玩味这话的意思。"另外，"我接着说，"还有别的爱。你可以爱朋友。你会同某人结婚，白头 50 年，到那时候，你的感情会与求爱之初大不一样，它会变得更强烈。爱的种类多着呢！"

"哪种最好?"

我看着锅里，沸滚中微微起伏的紫色表面结了一层蛛网似的泡沫。我用长叉把毛皮从锅里捞起，"染液流下，滴回锅里，这声音似乎代表了我对往事的回忆和女儿对未来期望的绝妙结合。"

"我喜欢那种历久不渝的爱，"我说，"不过，你喜欢哪种该由你自己决定。"

"我们春天去钓鱼，是吗?"

"当然，"我说，"去的，一定去，宝贝儿。"

一场关于爱的讨论就这样微妙地同捕钓鳟鱼混为一体，给我留下许多问号。我告诉了女儿蜉蝣和五彩虹鳟的习惯，但我真正想要向她传达的是什么呢?

一次，当我想起常去垂钓的那个狭长的池塘时，答案突然出现了。池塘边有棵苹果树，到蜉蝣开始出现的季节，树上的花朵便倒映在水面上。鱼儿浮上来找食，使池水泛起微微涟漪，有时则泼刺跃出水面溅起水花。我于是投下蝇饵，在那些有鱼浮上的地点垂钓。

在这个特别心爱的地方，我度过了许多个愉快的下午。我仿佛是在于时光之外，但同时又会产生某种回忆，以及些许透人内心的亲切感。说我此刻心境悠然自得，倒不如说我身心舒畅，生气蓬勃，满怀兴奋。我虽是孑然一人，却绝不孤独。

我想，我试图传达给女儿的正是这么一个时刻。但愿有朝一日，当她站在同一池塘边抛下钓鱼丝时，也会想起父女一起染毛皮，一起讨论爱情的夜晚。

■ 赏析

关于爱的讨论始终穿插于捕钓鳟鱼的过程之中，二者互为交融，使爱的话题显得更加深邃而幽静。

沉浸于“狭长的池塘边”，作者产生了“某种回忆”和摆脱孤独的体验，那树，那花，那鱼跃，那涟漪……打开了“我”的心境，这就是溶入自然之中的爱——博大的爱！它让你兴奋，让你充满蓬勃的生机！

“我”试图让爱传达下去，延续下去，让女儿明白什么是最好的爱，什么是人间真爱。

■ 一个树木的家庭

>> （法国）列那尔

我已经懂得监视流云。我也已懂得呆在原地一动不动。而且，我几乎学会了沉默。

我是在穿过了一片阳光烤炙的平原之后遇见他们的。

他们不喜欢声音，没有住到路边。他们居住在未开垦的田野上，靠着一泓只有鸟儿才知道的清泉。

从远处望去，树林似乎是不能进入的。但当我靠近，树干和树干渐渐松开。他们谨慎地欢迎我。我可以休息、乘凉，但我猜测，他们正监视着我，并不放心。

他们生活在家庭里，年纪最大的住在中间，而那些小家伙，有些还刚刚长出第一批叶子，则差不多遍地皆是，从不分离。

他们的死亡是缓慢的，他们让死去的树也站立着，直到朽落而变成尘埃。

他们用长长的枝条相互抚摸，像盲人凭此确信他们全都在那里。如果风气喘吁吁要将他们连根拔起，他们的手臂就愤怒挥动。但是，在他们之间，却没有任何争吵。他们只是和睦地低语。

我感到这才应是我真正的家。我很快会忘掉另一个家的。这些树木会逐渐逐渐接纳我，而为了配受这个光荣，我学习应该懂得的事情：

我已经懂得监视流云。

我也已懂得呆在原地一动不动。

而且，我几乎学会了沉默。

■赏析

这是“一个树木的家庭”，他们在“未开垦的田野上”繁衍、生息。

远离喧嚣，远离驳杂而纷攘的世界，择一处安宁之地，静静地生存，不追随那树木的王国，独立地撑着自己的一方天空，独立地，“沉默地”，“监视流云”……

——这就是“一个树木的家庭”，淡远、清静，又茁壮地繁衍生息。

从这个“树木的家庭”里，你应该懂得什么事情呢？

自然素描

>> （法国）列那尔

生活有时是一个大的乐章，有时是一首组曲，有时是一支短歌。但更多的时候，它是漫吞吞、犹豫不决的咏叹调。

萤火虫

夜幕降临到困倦的树林。鸟儿回来了，在树叶间相互追寻。叶子声不比他们的翅膀声更响。他们很望能看见点什么。但是，星星太远了，而月亮也未落到足够近的位置。此外，山楂果和蔷薇子的殷红色泽也并不够。

忽然，为了给鸟儿的谈情说爱照明，谙于调配光度的青苔媒婆燃亮所有的小虫子。

蟋　蟀

是时候啦！黑昆虫游荡够了，停止散步，回去细心修补他乱七八糟的领地。

首先，他耙平狭小的沙子通道。

他锯下细屑，撒到住地入口处。

他锉倒那株专给他添麻烦的大草根。

他休息了。

然后，他给他的微型手表上发条。

他完事了吗？表打碎了吗？他又歇了一会。

他回到屋里，关上门。

他用钥匙在精致的锁里长时间转圈。

他又在倾听：

外面没有一点不安的声音。

但他还是不放心。

他好像抓着一根小链条一直下到大地深处，装链条的滑轮刺耳地响着。

什么也听不见了。

寂静的田野上，白杨树像手指般伸向天空，指着月亮。

蝴 蝶

这封轻柔的短函对折着，正在寻找一个花儿投递处。

云 雀

我从未见到过云雀，即使黎明即起也是徒劳。云雀不是地上的鸟儿。

今天早晨以来，我就踩着泥块和枯草寻找。

一群群灰色的麻雀或艳丽的金翅鸟，在荆棘篱笆上飘荡。

八哥穿着省长制服检阅树木。

一只鹌鹑贴着苜蓿地飞翔，划出一条笔直的墨线。

牧人比女人还灵巧地打着毛线，在他后面，样子相似的绵羊一个接着一个。

一切都浸润着鲜艳的光泽，即使是不吉祥的乌鸦也令人微笑。

但是，请像我一样倾听。

你们听到了吗，上面，在某一个地方，水晶碎块在一只金杯里冲舂?

谁能告诉我云雀在哪儿歌唱?

如果我抬头望天，阳光会烧炙我的眼睛。

我只得放弃见她的念头。

云雀生活在天上。天鸟中唯有她的歌声能一直传到我们这里。

喜 鹊

她全身漆黑；但是，她去年冬天是在田野上度过的，因此，身上还带着残雪。

孔 雀

他今天肯定要结婚了。

这本来是昨天的事。他穿着节日礼服，准备就绪。他只等他的新娘了。新娘没有来。她不该再拖延了。

他神气活现，迈着印度王子的步伐散步，身上佩戴着丰富的常用礼品。爱情使他的色泽更加绚丽，顶冠像古弦琴颤动着。

新娘还没有到。

他登上屋顶高处，向太阳方向眺望。他发出恶狠狠的叫唤：

“莱昂！莱昂！”

他就这样称呼他的未婚妻。他看不到谁来，也没有人理睬他。习以为常的家禽甚至连头也不抬一抬。她们都腻烦了，不再去欣赏他了。他下到院子，对自己的美如此自信，所以也不可能有什么怨气。

他的婚礼延到明天。

他不知道如何度过白天剩下时间，又向台阶走去。他迈着正规步子，像登庙宇台阶那样登上梯级。

他在最后一次复习礼仪。

鹿

我从路的一端走进树林，而他是从另一端来的。

起先，我以为那是一个陌生人带着一瓶花前来。

然后，我发现这是一棵矮矮的小树，枝条丫杈，没有叶子。

最后，鹿一下子出现了。我俩全停住脚步。

我跟他说：

“靠拢来，什么也别怕。我带着枪，那为的是有气派，想模仿那些煞有介事的人。我永远也不会使用枪，我把子弹留在子弹盒子里。”

鹿听着、嗅着我的话。我一说完，他毫不犹豫地拔腿就跑，像是一阵风刮得枝条一会儿交叉，一会儿又不再交叉。他逃走了。

“多遗憾！”我朝他喊，“我都已幻想咱俩一起上路了。我呢，我将把你所喜爱的草儿亲手献给你，而你，你就把我的枪横在鹿角上散步。”

牛

老牛缓慢地、安静地过来喝水。他们把脊背挺直，喝着水。水在极轻微地颤动。最后，他们凉快了，似醉非醉，又同时抬起头，像来时那样，乖乖地离去。

但是，有一头牛留着。

十分温柔的牧人并无恶意地戳着悬在他臀部的干粪片，但没有用处：一头牛留着，蹄子插在土中，凝视着双角倒影，忘掉了自身。

猪和珍珠

猪一放到草地，张嘴就吃，丑陋的嘴脸再也不离开地面。

他并不选择鲜嫩的草。他碰上什么咬什么。他盲目地向前伸着那永不疲倦的鼻子，既像是一把犁刀，又像一只瞎眼鼹鼠。

他只关心使那个已经像只腌桶的肚子滚圆。他永远也不注意天气。

刚才，他的鬃毛差点儿在中午的太阳光下烧起来，但那有什么关系？而现在，低沉的云团充满雹子，正伸展着，向着草地倾泻，但这又有什么要紧?

不错，喜鹊在不由自主地展翅逃窜。火鸡都藏进篱笆，而幼稚的马驹子在一棵橡树下躲避。

但猪还是留在他吃东西的地方。

他一口也不放过。

他的尾巴摇晃着，照样显得非常惬意。

他浑身挨着飞雹，但只是偶尔咕噜一声:

“老是这些肮脏的珍珠!”

天　鹅

他像白色的雪橇，在水池子里滑行，从这朵云到那朵云。因为他只贪馋流苏状的云朵。他观看着云朵出现、移动，又消失在水里。有朵云是他所想望的。他用喙瞄准它，突然扎下他裹雪的脖子。

然后，活像是女人的一条胳膊伸出衣袖，他抽回脖子。他什么也没有得到。

他一看，惊慌的云朵已经消失。

但他只失望了片刻，因为云朵未等多久又回来了。瞧，在那水的波动渐渐消逝的地方，有朵云正在重新形成。

天鹅坐在他的轻盈的羽毛垫上，悄悄地划行，向云朵靠拢。

他竭尽全力捞着幻影，也许，在获取哪怕是一小片云朵之前，他就会死去，成为这幻觉的牺牲品。

但是，我在胡说些什么啊?

■赏析

从这些小小的生命之中，你是否透析了自己?

上帝创造了多么和谐的生存空间，而貌似强大的人类，在自然

的领地里又显得多么的委琐和单一。所有的生命在相互交融之中构成了这个世界的神秘。

没有谁能单独主宰自然万物的轮回，没有谁能洞悉所有生命生存的真谛。

那么，还是静下心来，和自然交流吧，或许，你会体味到许多意想不到的快慰；或许自然会造就出像你一样的哲人……

■水

>> （法国）蓬热

由于水对自身重力惟命是从这种歇斯底里的需要，由于重力像根深蒂固的观念支配着它，我们可以说水是疯狂的。

水在比我低的地方，永远如此。我凝视它的时候，总要垂下眼睛。好像凝视地面、地面的组成部分、地面的坎坷。

它无色，闪亮，无定形，消极但固执于它唯一的癖性：重力。为了满足这种癖性，它掌握非凡的手段：兜绕、穿越、浸蚀、渗透。

这种癖好对它自己也起作用：它崩坍不已，形影不固，唯知卑躬屈膝，死尸一样俯伏在地上，就像某些修会的僧侣。永远到更低的地方去：这仿佛是它的座右铭。

由于水对自身重力惟命是从这种歇斯底里的需要，由于重力像根深蒂固的观念支配着它，我们可以说水是疯狂的。

自然，世界万物都有这种需要，无论何时何地这种需要都要得到满足。例如这个衣橱，它固执地附着于地面，一旦这种平衡遭到破坏，它宁愿毁灭也不愿违背自己的意愿。可是，在某种程度上，它也捉弄重力，藐视重力：并非它的每个部分都毁灭，例如衣橱上的花饰、线脚。它有一种维护自身个性和形式的力量。

按照定义，液体意味着宁可服从于重力而不愿意保持形状，意味着拒绝任何形状而服从于重力。由于这个根深蒂固的观念，由于这种病态的顾忌，它把仪态丧失殆尽。这种痴癖使它奔腾或者潴留；使它萎靡或者凶猛，使它既萎靡又凶猛，凶猛得所向披靡；使它诡谲、迂回，无孔不入：结果人们能够随心所欲地利用它，用管道把它引导到别处，然后让它垂直向上飞喷，目的是欣赏它落下来变成霏霏细雨：一个真正的奴隶。

水从我手中溜走……从我指间滑掉。而且也不尽然！它甚至不那么干脆利落（和蜥蜴或青蛙相比）：我手上总留下痕迹、污渍，要较长的时间才能挥发或者揩干。它从我手中溜掉了，可是又在我身上留下痕迹，而对此我无可奈何。

水是不安分的，最轻微的倾斜都使它运动。下楼梯时，它并起双脚往下跳。它是愉快而温婉的，你只要改变这边的坡度，它就应召而来。

■赏析

水，它是这么的“惟命是从”，它屈服于它的重力，它无法改变自己。

“一个真正的奴隶”，一个无法自由左右自己命运的东西！它在重力的驱使下奔腾着，迂回着，它多么缺乏支配自己命运的能力。

它永远向低处流淌，它“拒绝任何形状而服从于重力”，它“卑躬屈膝”但又多么“疯狂”。它是重力执著的追随者，它宁愿粉身碎骨也不愿攀上高高的阶梯……

它是水吗？

可爱的家乡

>> （美国）桑德拉·泰勒

在这个莫名其妙的世界上，无论怎样叫人发怒它总还是美的。

哈莱姆是纽约城中的黑人居住区。它北起中央公园至哈莱姆河，东自晨畔公园到五马路。哈莱姆是城中之城；是一个充满魅力、五光十色、无可比拟的世界。哈莱姆是我的家乡。

许多从未看见哈莱姆的人，凭着他们的想象，对这个区域给予不公正的描绘。比如，一些欧洲的学者把哈莱姆形容成“一个仅有几条街道、方圆的热气蒸腾的洼坑，到处充斥着在走调的爵士乐中寻求刺激的扭动弯曲的黑色躯体；他们为酒精与萨克斯管所驱使，精力充沛，好色放荡”。一句话，是一片“黑色丛林”。除了住在哈莱姆的人，谁也不明白，这样一幅错误的图画中所包含的离奇怪异。可我明白，因为我是这儿的居民。

我的世界，
人们口中的她，是被社会遗弃的角落——
她渴望金子般的机运，
主是世人所说的人性。

我的世界，街道纵横，
刺鼻的气味弥漫肮脏的巷陌——
垃圾箱废物的恶腥，

混合着炸子鸡和南方猪小肠的香气。

我的世界，
人们不敢在此停足——
都说它比地狱还要可怕——
但，这不是实话。

我的世界，
挤满着龌龊和气味难闻的黑人——
它不是撒旦的地狱……
而是美妙的地方。

哈莱姆是一个已经变化并仍在变化中的社会，哈莱姆的理想与愿望是狭隘浮浅的，她曾经野气十足。哈莱姆真实自然，她的人民不谙世故，单纯率真，缺少教育。哈莱姆肮脏不堪。那里的生活艰辛而又沉闷。街上到处是懒汉、小偷和恶棍。哈莱姆的确与众不同。

哈莱姆变了。我们——她的儿孙们——已经成熟，使自己接近教育并且走向昌盛。卖煎鱼、甜土豆和花生米的小贩已从我们这里消失。推水果、蔬菜、鸡蛋的小车，以及叫喊着“西——瓜——要吧!”的声音亦已绝迹……在哈莱姆，手推车的景观已被小商店取代。

今天的哈莱姆绝非昔比。尽管有人一心贬低哈莱姆，把她说成是没有任何尊贵人士愿意往来的地方，是野蛮和粗俗、下流与卑鄙成灾的地方，我却热爱哈莱姆。我知道，他们所说的并非真实。因为，哈莱姆是我的生命——我的世界。

哈莱姆是独一无二的。她是个奇异而新颖的地方。也许，正因为如此，我才衷心地爱她。让我倾心哈莱姆的原因之一，是她的贸易中心一百二十五马路。在一百二十五马路上，令人目不暇接——从包裹热锅的强布垫子，到宝石戒指，到阿波罗露天剧场。只要有时间，有钱，我总乐意去阿波罗消靡时光，那儿有摇摆舞曲，有节奏强烈的美国黑人音乐，还有唱福音赞美诗的大篷车队，男女老少都在纵情狂欢。

阿波罗旁边是一个票价低廉的游乐场。上面设立全国有色人种协进会曼哈顿分部。年轻人和成年人聚集在此，制定争取奖学金资助、免费乘车以及促进了解黑人历史与传统的种种计划……

当我沿着一百二十五马路喧闹的人行道来来往往时，便会得到一种在纽约城任何一处都无法获得生命的感觉，这是一种悲哀和欢乐掺杂一体的，活着就是幸福的感觉——悲哀是因那个在广场交易市场前出售购物袋的瞎女人，以及那个指间紧抓住只小锡杯的小乞丐；而快乐就因为活着，活着居住在哈莱姆。

哈莱姆就是一个小世界。在这里，你什么都能发现——有站在酒吧间前面角落里的酒精中毒者，他们慢慢地倒下，身体倾斜成一个角度，和样子都快与地面平行了，但却从不倒下。还有在街上打惠斯特牌、掷硬币和在门厅里同声唱歌的孩子们。

哈莱姆生气勃勃。我们为新生疾呼。我们是一个为真理与和平而斗争的社会。她绝非一片“黑色丛林”，而是一个美好的地方。她的人民思想清新，才智横溢。哈莱姆经历了漫长的道路。在未来的年代中，她必将大步向前。“善终将战胜恶”。

在我眼中伦诺克斯的太阳比任何一种都要明亮。人民无比亲切。我希冀着光辉的未来，然而，又担心未来会给我所熟知的哈莱姆带来太多的变化。

■赏析

作者心中流淌着一条家乡的爱河。这条爱河宽阔，“半江瑟瑟半江红”，其间有作者的愤怒，亦有他的挚爱。而这一切又和谐地统一于一个“真”字，作者敢怒、敢说，敢于直面对家乡“不公正的描绘”，敢于指出“黑色丛林”这幅图画中包含着“离奇怪异”。这是一种勇敢的率真！作者的率真，还表现出他敢于正视家乡的缺点，但这与指责，灰心无缘，他既大胆地抨击，又热情地追求，在他的心中流淌着一条对家乡的爱河，这条爱河奔涌，不时“卷起千堆雪”，作者在对家乡的流变追溯与动态跟踪中，不断发现她的美，心潮不断涌起。他充满信心地说：“哈莱姆经历了漫长的道路，在未来的年代中，她必将大步向前。”

暮 色

>> （法国）波德莱尔

苍茫的暮色啊，你是多么温柔甜蜜！粉红色的晚霞滞留在天际，就好像在夜晚胜利的打击下，白天正在残破丧生；又像是多枝烛台上的灯火在夕阳的最后余辉上罩起了一层昏暗的红纱；也像是在东方的深渊里，有一只无形的大手揪起这沉重的帷幔；所有这一切也在人类一生庄严的时刻，模仿着内心复杂情感的搏斗。

夜幕降临了。白天艰辛劳苦、疲惫不堪的一个个可怜的心灵，这时也开始安歇下来。他们的思想也染上了一层暮色的柔和而苍茫的色彩。

可这时，穿过夜晚透明的云雾，从山顶上传来了一声长长的嗥叫，直传到我的阳台上，仿佛一群人在嘈杂地乱嚷，在空中变成一股阴森可怖的和弦，好像是高涨的海潮，或是一场将要来临的风暴。

这些不幸的人啊！黑夜不能使他们安顿不来。他们像猫头鹰一样，把黑夜的来临视作他们吵闹的黎明。他们到底是什么人呢？这不祥的猫头鹰的哀鸣是从山上那黑□□的栖所传来的。每天晚上，我吸着烟，凝视着静息下来的空旷峡谷，上面坐落着一座座小屋，每个闪亮的窗口仿佛都在说："这里是安宁，这里有家庭之乐！"当晚风从那高高的山岗上吹起时，我便带着惊奇的思绪，沉浸在仿佛地狱的谐音之中。

黄昏刺激发疯的人们。——我忽然想起我有两个怕黄昏的朋友。

其中一个，这时可以无视所有的朋友和礼物，见到谁都粗暴无礼，就像一个野人。有一次我看到他抓起一只挺好的炖鸡向旅店老板劈头摔去，不知道他从上面看到了什么骂人的字眼。

夜晚，本来是最美好的快乐时光，却使他减少了对一切美味的欲望。

而另一个是个雄心勃勃却又一时失意的人。只要天色一晚，就变得心情郁闷，尖酸刻薄起来。白天，他本来是宽容而好客的，一到晚上就变得冷酷无情。他的冷酷无情也并不仅仅是对待别人，同时也把这昏暗狂发泄在自己身上。

第一个后来变得认不出自己妻子、儿女，死于狂病。第二个却终身生活在一种持续的恐慌和担忧之中。我想，即便是他得到共和国或亲王们所赐予的一切荣誉，暮色还会引起他对幻想的荣誉的渴望。

夜晚在他们精神上布下了黑暗，却在我的头脑里放射出光明。同样事物在不同人中引起了截然相反的后果。这样的事虽然并不稀奇，可我对此总还是感到惊恐不安。

啊，夜晚！啊，令人爽心的黑暗！您是我内心欢乐的信号，也是我精神恐慌的慰藉。在旷野的寂静中，在一座都市石砌的迷宫里，闪闪的繁星，明亮的灯盏，你们就是自由女神放出的焰火啊！

苍茫的暮色啊，你是多么温柔甜蜜！粉红色的晚霞滞留在天际，就好像在夜晚胜利的打击下，白天正在残破丧生；又像是多枝烛台上的灯火在夕阳的最后余辉上罩起了一层昏暗的红纱；也像是在东方的深渊里，有一只无形的大手揪起这沉重的帷幔：所有这一切也在人类一生庄严的时刻，模仿着内心复杂情感的搏斗。

人们还会说，这是舞女们一种奇特的衣裙，透明的薄纱显示而又遮掩着里面一条绮丽夺目的短裙，就像在现在的黑暗中，透出了美妙的过去。而黑夜所播下的这闪闪的金星、银星，也正代表着那奇幻的火焰，只是在黑夜那深深的悲哀中才闪出光亮。

■赏析

“这些不幸的人啊”，黑夜为什么“不能使他们安顿下来呢？”

是深深的恐惧？是裸露的欲望？还是压抑在心头的孤寂和忧郁？

亲爱的朋友啊，何不收拾起那些破碎的心事，于暮色中独享那一份宁静和超然呢？

看那火焰般燃烧的大红，看那粉黛般诱人的水红，看那罕见稀有的黑色牡丹……你难道不为之心动、为之陶然吗？

■自　然

>> （德国）歌德

她所演的戏永远是新的，因为她永远创造新的观众。生是她最美妙的发明，死是她用以获得无数的生的技术。

自然！她环绕着我们，围抱着我们——我们不能越出她的范围，也不能深入她的秘府。不问也不告诉我们，她便把我们卷进她的漩涡里，挟着我们奔驰直到倦了，我们脱出她的怀抱。

她永远创造新的形体；现在有的，从前不曾有的，曾经出现的，将永远不再来；万象皆新，又终古如斯。

我们活在她怀里，对于她永远是生客。她不断地对我们说话，又始终不把她的秘密宣示给我们。我们不断地影响她，又不能对她有丝毫把握。

她给我们一出戏看：她自己也看见吗？我们不知道；可是她正是为我们表演的，为了站在一隅的我们。

她里面永远有着生命，变化，流动，可是她毫不见进展。她永远变化，没有顷刻间歇。她不知有静止，她诅咒固定。她像是灵活的。她的步履安详，她的例外稀有，她的律法万古不易。

她自始就在思索而且无时不在沉思，并不照人类的想法而照自然的想法。她为自己保留了一种特殊而普遍的思维秘诀，这秘诀是没有人能窥探的。

一切人都在她里面，她也在一切人里面。她和各人都很友善地游戏：你越胜她，她也越喜欢。她对许多人动作得那么神秘，他们还不曾发觉，她已经做完了。

既反自然也是自然。谁不到处看见她，便无处可以清清楚楚地看见她。

她爱自己，而且借无数的心和眼永远黏附着自己。她尽量发展她的潜力以享受自己。不断地，她诞生无数新的爱侣，永无餍足地去表达自己。

她在幻影里得着快乐。谁在自己和别人身上把它打碎，她就责罚他如暴君；谁安心追随它，它就把它像婴儿般偎搂在怀里。

她有无数的儿女。无论对谁她都不会吝啬；可是她有些骄子，对他们特别慷慨而且牺牲极大。一切伟大的，她都用爱护来荫庇他。

她使她的生物从空虚中溅涌出来，却不对它们说从哪里来或往哪里去。它们尽管走就得了。只有她认得路。

她行事有许多方法，可是没有一条是用旧了的，它们永远奏效而且变幻多端。

她所演的戏永远是新的，因为她永远创造新的观众。生是她最美妙的发明，死是她用以获得无数的生的技术。

她用黑暗的幕裹住人，却不断地推他向光明走，她把他坠向地面，使他变成懒惰和沉重、又不断地摇他使他站起来。

她给我们许多需要，因为她爱动。那真是奇迹：用这么少的东西便可以产生这不息的动。一切需要都是恩惠：很快满足，立刻又再起来。她再给一个吗？那又是一个快乐的新源泉，但很快她又恢复均衡了。

她刻刻都在奔赴最远的途程，又刻刻都达到目标。

她是一切虚幻中之虚幻，可是并非对我们；对我们，她把自己变成了一切要素中之要素。

她任每个儿童把她打扮，每个疯子把她批判。万千个漠不关心的人一无所见地把她践踏，无论什么都使她快乐，无论谁都使她满足。

你违背她的律法时在服从她；企图反抗她时也在和她合作。

无论她给什么都是恩惠，因为她先使变为必需的。她故意延迟，使人渴望她；特别赶快，使人不讨厌她。

她没有语言也没有文字，可是她创造无数的语言和心，借以感受和说话。

她的王冕是爱；单是由爱你可以接近她。她在众生中树起无数的藩蓠，又把它们全数吸收在一起。你只要在爱杯里啜一口，她便慰解了你充满忧愁的一生。

她是整体却始终不完成。她对每个人都带着一副特殊的形象出现。她躲在万千个名字和称呼底下，却又始终是一样。

她把我放在这世界里；她可以把我从这里带走。她要我怎么样便怎么样。她决不会憎恶她手造的生物。解说她的并不是我。不，无论真假，一切都是她说的，一切功过都归于她。

■赏 析

自然的法则任何人无法改变。

它创造着过去、现在和未来，创造着世间万物的生命。它常常以新的面目出现，无论你如何想挽留住它的脚步，它依旧执著地“创造新的形体”，不断变幻着生动而又多彩的生活。

“它永远建设、永远破坏”，在它的面前，一切生命的载体都显得多么的单薄和无奈，“它是永久的”，“它把我放在这个世界里，也可以把我从这里带走”……

■蟋蟀之歌

>> （西班牙）希门内斯

当透明的天空中星星都出来的时候，他的歌声便获了一种旋律式的甜蜜，像随意摇荡的钟声。

晚间散步的时候，柏拉特罗和我都非常熟识蟋蟀的歌声。

蟋蟀在黄昏时的第一支歌是犹疑、低沉而粗糙的。他转调了，他向自己学习，跟着，一点一点的升到正确的音高上去，仿佛在寻找切合那个时空的和谐。忽然间，当透明的天空中星星都出来的时候，他的歌声便获了一种旋律式的甜蜜，像随意摇荡的钟声。

清新的紫色的凉风来了又走了，夜的花朵在尽情开放，在天地交会的蓝色田畴上，一种圣洁的精华正飘过平原。蟋蟀的歌愈唱愈开心，响彻整个村野，像影子的声音。他再也不犹疑，再也不沉默了。就像把自己流淌出来一样，每一个音符都是另一个的双生兄弟，有一种黑水晶似的血缘关系。

时光安详地度过。世界上没有战争，工人酣睡着，远处天空的景象到达了他的梦境。在爬山虎丛中，靠着墙边也许有狂恋着的情人，眼神与眼神正互相交融。小块地上盛开的豆花，向城镇吹送着轻柔的芬芳的消息，这种消息，仿佛来自一个无拘无束，心灵开放而感情微妙的青春期少年。青青的麦子，摆动在月光中，迎风而叹息，在晨早两点、三点、四点的时刻。蟋蟀的歌声一度唱得那样悠长，现在却消逝了。

又唱起来了！啊，那清晨的蟋蟀之歌！我和柏拉特罗冷得发抖，正沿着那条露水凝霜的小径回家睡觉。月正落，红而渴睡。现在，那歌声正为月色而步履浮荡，为星辉而沉醉欲睡，浪漫、神秘而丰盛。然后是那一大片令人沮丧的云，镶着悲哀的紫蓝色的边，缓缓地把白天从海面上拉上来。

■赏 析

她唱起来，在暗夜温柔的怀抱，在生命静寂的空谷里。她唱起来，“在天地交会的蓝色田畴上”，在“青青的麦子”的叹息里。她唱起来，摧开“夜的花朵”，尽情抒发着爱的诗歌，回应着一切生灵的甜美的变吃，回应着祥和和爱情。

她唱起来，她的声音就是这个世界的声音，“响彻整个村野”，把柔软的夜的帷幕轻轻拉上，把月亮和星星装进梦的花篮……

听呵，她又唱起来了……

耶利哥的玫瑰

>> （俄罗斯）布宁

我把我的往昔的根和茎浸入心的活水中，侵入苦恋与柔情的清纯甘露中，于是我珍藏的小草重新令人惊异地吐出嫩芽。

古代东方人往往在棺墓内中放一朵耶利哥的玫瑰，表示相信生命是永恒的，死者能够复活。

奇怪的是，为什么把一团带刺的秸草叫做玫瑰，而且还是耶利哥的玫瑰。这种干硬的沙漠小灌木，就像我们所谓的风滚草，只有在死海以下的砂石中，荒无人迹的西奈山麓，才能看到。据传说，这名称是那位把可怕的火谷，即犹太旷野一个寸草不生的死亡之谷选为自己的居所的圣徒萨瓦亲自定的。他把这种刺草奉为复活的象征，并且用他知道的世上最悦耳的比喻来加以形容。

这种刺草的确神奇。一个朝圣者采了它，带到离它的故土几千里以外的地方去；一年年下来它枯干了，发灰了，没有生气了，可是一放进水中，立刻舒展开来，绽出细小的叶片和粉红色的花朵。可怜的人心便感到了快乐和安慰：世上没有死，存在过经历过的东西不会灭亡！只要我的心灵，我的爱，我的记忆活着，就不会有离别和失落。

我也是这样安慰自己，在自己心中重现我曾涉足的那些光辉的古国，重现我生命中那些如日中天的美好日子——当时我身强力壮，前程似锦，携带着注定要伴我终生的女子第一次远游，既是新婚旅行，也是朝拜我们主耶稣基督的圣地。眼前是处在长年寂静和忘怀的伟大安详中的圣乡——加利利地、犹大众山、五城的盐和硫磺火。那是春天，路上处处欢快祥和地开着拉结（据《圣经》传说，拉结是亚伯拉罕的孙子雅各之妻）在世的时候开过的同样的银莲花和罂粟花，大地装点着同样的野百合花，天上也同样是《福音书》的比喻所说的那些无忧无虑的飞鸟在歌唱……

耶利哥的玫瑰，我把我的往昔的根和茎浸入心的活水中，侵入苦恋与柔情的清纯甘露中，于是我珍藏的小草重新令人惊异地吐出嫩芽，推迟了那不可回避的时刻——这露会干，这心会衰，我的耶利哥的玫瑰也将永远被忘尘掩埋。

■ 赏 析

快来，快来撷一株“耶利哥的玫瑰”，植入我们的心中吧！

看呵，这玫瑰多么坚挺，只要有水滋润的地方就会有它的生命，它有一颗永远不死的心，跳动着多么强劲的声音，它是永恒的象征，是对生命执著的爱的象征！

是的，“世上没有死……只要我的心灵，我的爱，我的记忆活着，就不会有离别和失落”。

■ 美丽的水

>> （德国）黑塞

海水，在远方咆哮。激情，在心中燃烧。

美丽的水，泛着白光而又显得蔚蓝的水，唱着往昔的歌，源源不断从棕色的山间潺潺流淌出来。灌木丛中到处是成群的山雀。远处的军号声已传不到这里。那充满魔力的白昼和黑夜、清晨和傍晚、晌午和黄昏在这儿又重新组合成伟大庄严的时间，善于忍耐的世界的心在继续搏动。我们只须把耳朵贴近地面匍匐在草上，或探身桥外俯视河水，要不就抬头仰望晴空，我们就会听到那颗伟大、安详的心，这是我们母亲的心呵，我们都是她的儿女。今天，我又想起了那告别的时刻，远方传来哀怨的声音。这样的蓝天，这样的温馨该不懂得什么叫争斗，什么为叫嚣吧！

总有一天，那歪曲和折磨着我们的生命并经常使之充满巨大恐怖的一切将不复存在。总有一天，和平会拖着疲惫不堪的步子回来。慈母般的大地将把我搂在她的怀里，那不是结束，而是新生，那是一次沐浴和小憩。旧的、枯萎了的一切将萧萧凋落，新的、充满活力的一切将开始呼吸。

那时，我将满怀新的意念重新涉足这走过的路，贪婪地、一遍又一遍地潜心倾听那淙淙流水和夜的絮语。

■赏析

侧耳倾听那似水的柔情，那是感动心魄的“伟大、安详的心”之声呵，在这里，我们感受美丽，并接纳美丽，在这里，“那歪曲和折磨着我们的生命并经常使之充满巨大恐怖的一切将不复存在”。

“美丽的水”，呼唤着“和平”的鸽子，呼唤着一切生命原始的本真。

就让它淙淙流过我们的心田，并重新激荡起我们的“活力”和激情吧！

真愿自己是个巨人

>> （德国）黑塞

希望像一盏小小的灯火，让我们在苦难中看到光明和美好的一面——只要放开握着的手，就可以拥有自由跳跃的命运！

真愿自己是一个巨人，那样，我便可以头枕皑皑雪峰之旁到处点缀着羊群的高山牧场，脚垂山坡之下碧波盈盈的湖水之中。任凭自己静静地躺着，永不起身。看指间灌木消长，发际杜鹃摇曳。双膝形成山峦，身体之上散落着房舍、葡萄园和小教堂。我将在这儿躺上千万年，仰望蓝天，俯视湖水。一个喷嚏化作一阵雷雨。一口气便融了积雪，叫瀑布飞泻。我死了，整个世界也便消亡。随后，我就在宇宙之中到处飘游，去摘取新的太阳。

今晚我在哪儿过夜？反正都一样！世界在干什么？创造着新的神，新的法律，新的自由？反正都一样！可是，这儿有朵樱草花在山上开了，叶瓣上缀满露珠；山下，白杨林中有温馨的风在轻轻地唱。而在我眼睛之上，蓝天之下有只金色的蜂儿在嗡嗡飞舞——这可不是一回事儿呵。这唱的是一支幸福的歌，一支永恒的歌。而它的歌便是我的世界史。

赏析

“世界在干什么？”“反正都一样”。“我”不想去过问世界诸多的烦闷忧伤，只想倾听幸福的歌唱。在自然之中找寻生命之中“温馨的风”和煦暖的阳光。

“真愿自己是个巨人”，于“宇宙之中到处漂游”，高高擎起自然的光芒，品嚼一滴露珠甜甜的轻唱。

让幸福地久天长，让美丽永驻心房。去创造生命的赞歌，“去摘取新的太阳”。

金色花

>> （印度）泰戈尔

亲情是什么？它不是表白，不是虚无，不是花言巧语，不是尔虞我诈。亲情就是一朵香气四溢的金色花。

假如我变了一朵金色花，为了好玩，长在树的高枝上，笑嘻嘻地在空中摇摆，又在新叶上跳舞，妈妈，你会认识我么？

你要是叫道："孩子，你在哪里呀？"我暗暗地在那里匿笑，却一声儿不响。

我要悄悄地开放花瓣儿，看着你工作。

当你沐浴后，湿发披在两肩，穿过金色花的林荫，走到做祷告的小庭院时，你会嗅到这花香，却不知道这香气是从我身上来的。

当你吃过午饭，坐在窗前读《罗摩衍那》，那棵树的阴影落在你的头发与膝上时，我便将我小小的影子投在你的书页上，正投在你所读的地方。

但是你会猜得出这就是你孩子的小小影子么？

当你黄昏时拿了灯到牛棚里去，我便要突然地再落到地上来，又成了你的孩子，求你讲故事给我听。

"你到哪儿去了，你这坏孩子？"

"我不告诉你，妈妈。"这就是你同我那时所要说的话了。

赏析

亲情是什么？它不是表白，不是虚无，不是花言巧语，不是尔虞我诈。亲情就是一朵香气四溢的金色花。

当你喜悦时，亲情会为你助兴，与你悲伤时，亲情会为你分担，当你面临困难挫折时，亲情会为你鼓励加油，当你功成名就时，亲情会暗祝你继续前行，不要停下。亲情就是空气，时刻与你相伴，但它决不显山露水，只是象春风细雨，浅移默化。

让亲情求驻人间吧！

两片树叶的故事

>> 艾·巴·辛格

一直相信，失去你，我宁可死去。事实上，自你远去，你的影像越来越难记忆，你的书信早已焚化成灰。只有每年到了分手的季节，我才会有长长的忧郁，仿佛在一夕之间老去，怕见人，怕照镜，怕黄昏，怕落花——而那也不过是短短的一季，我只是在那一季老去。

这个森林很大，而且密密麻麻地长满了各种带叶的树木。通常，每年这时天气都很寒冷，或偶然下雪，可是，今年 11 月却相当暖和。如果不是整个森林都满布落叶，你还会以为这是夏天。落叶有的黄得像番红花，有的红得像葡萄酒，有的呈现金黄色，有的则是斑驳的杂色。这些树叶曾经受到风吹雨打，有些在白天脱落，有些在夜间掉下，如今已在森林地面形成了一张很厚的地毯。它们虽然浆液已干，但还散发出一种可人的芬芳。阳光透过活的树枝照射着落叶。经历过秋季暴风雨而居然还留存下来的蠕虫在叶上爬行。落叶下面的空隙，为蟋蟀，田鼠以及其他许多在地下寻求庇护的动物提供了藏身之所。

在一颗已失去所有其他叶子的树上，顶端的一根小树枝还挂着两片叶子：欧里和楚珐。欧里和楚珐自己也不知道是何原因，竟然能逃过历次风雨和寒夜。其实有谁知道为什么一片叶子会落下而另一片留存？不过欧里和楚珐相信，答案在于他们彼此深深相爱。欧里的身形稍微比楚珐大，也年长几天，可是楚珐较为美丽，较为细致。在风吹雨打或冰雹初降时，一片叶子帮不了另一片叶子什么大忙。不过，欧里总是一有机会就鼓励楚珐。每逢遇到雷电交作，狂风不仅吹落叶，甚至把整条树枝也扯断的最猛烈的暴风雨时，欧里就恳切地对楚珐叮嘱："坚持下去，楚珐！全力坚持下去！"

在寒冷的暴风雨之夜，楚珐有时会埋怨说："我的大限已到，欧里，你坚持下去吧！"

"为什么？"欧里问，"没有你，我的生命是没有意义的。你掉下去的话，我也会跟着你掉。"

"不，欧里，不要这样做！一片叶子只要能维持不坠，就不可放手。"

"那就要看你是否跟我在一起了，"欧里回答，"白天，我对着你看和欣赏你的美。夜晚，我闻到你的芳香。要我做树上的孤独叶子吗？不，绝不行！""欧里，你的话虽然很甜，可不是事实，"楚珐说，"你明知我已不像从前那美丽了。看，我有多少皱纹，我已变得多么干瘪！我只留下一样东西——我对你的爱。"

"那还不够吗？在我们所有的力量当中，爱是至高至美的，"欧里说，"只要我们相亲相爱，我们就会留在这里，没有什么风雨雷暴能够摧毁我们。我可以告诉你一件事，楚珐——我爱你从来没有像现在爱得这样深。"

"为什么，欧里？为什么？我已经全身变黄了啊。"

"谁说绿色美而黄色不美？所有颜色都是同样漂亮的。"

就在欧里说这些话的时候，楚珐这几个月来一直但心的事发生了——一阵风吹过来，把欧里从树枝上扯去。楚珐开始震颤摆动，好像也快要被风吹走似的，可是，她仍紧紧地抓着不放。她看见欧里坠下时在空中摆荡，于是用叶子的语言喊他："欧里！回来！欧里！欧里！"

但是她的话还没有说完，欧里便消失不见了，他已和地面上的其他叶子混在一起，留下楚珐孤零零地挂在树上。

只要白天仍然持续，楚珐还可以设法忍受她的悲伤。但一到苍穹渐黑。天气变冷，而细雨亦开始降下时，她就陷于万念俱灭。不知怎的，她觉得树叶的一切不幸都归咎于树的本身，归咎于那拥有无数强劲分枝的树干。树叶会落下，但树干却巍然屹立，牢固地扎根于泥土中，任何风雨冰雹都不能把它推倒。一片叶子的遭遇，对一棵很可能永远活下去的树来说，算得了什么，在楚珐看来，树干就是一种神明。它用叶子遮盖着自己几个月，然后把叶子撇掉。它用自己的浆液滋养叶子，高兴滋养多久就多久，然后就让它们干渴而死，楚珐哀求大树把欧里还给她，求它再度回复夏日情景，可是大树不理会她的恳求。

楚珐没想到一个夜晚会像今夕这样漫长——这样黑暗，这样寒冷。她向欧里说话，希望得到回答，可是欧里无声无息，也没有露出存在的迹象。

赏析

是对爱的执著维系着两片树叶的存在。它们在风暴之中簇拥着，安慰着，用深深的爱滋润着，它们抵抗着衰老和死亡，抵抗着一切来自外部的力量。

但“欧里”最终还是飘离了枝头，它是在爱的怀抱中快乐地死去的，它没有痛苦，相反，它在空中“摆荡”，勾勒出多么漂亮的爱的弧线，然后，悄悄地远逝了。

是的，只要有爱存在，“楚珐”还怕什么。

■ 夏日的画图

>> （日本）东山魁麦

在这彩车走过的狭窄的道路上，一听到宵山的鼓声和笛韵，便感到热闹之中藏着一抹寂寞的情调，这是一种撩拨乡愁的音律。

夏日的画图

明朗的土黄色的岩山迫近海岸，大海一片蔚蓝、澄澈，漂浮着点点岛影。这里是濑户内海小小的海水浴场。我无意之中窥伺着苇棚遮盖的钓鱼小屋，吃了一惊。

遍罗鱼、黑鲷等各种各样的鱼中，小沙鱼和红鱼工鱼在回游。螃蟹和贝类分散开来，形成了美丽的图案。一种极廉价的涂漆的水槽上晃动着从苇棚漏泄的光纹，化成了柔和的翡翠色，起到了极强的装饰效果。

在另一个水槽里，章鱼的长腿忽儿伸出燕尾服，忽儿蜷缩，轻快地游动着，看起来颇有意思。我眺望着，一面联想起庞培的镶嵌艺术和艾陀儿斯克盘子上的绘画。

这样看来，可以说这一带是标准的日本式风景。在夏阳的强烈照耀下，我仿佛感到它连接着对那遥远的国度的回忆。

犬吠岬

灯塔站立在夏阳辉映的道路的尽头。

云和海相连接的地方，吹来了剧烈的潮风。

波浪和岩石永远在嬉戏。飞沫化成水雾飘舞。

犬吠岬形成长长的高丘突现于海里。面对着一望无垠的海洋，左边是松林优美的沙丘，右边环抱着浪涛喧嚣的海湾。

这条道路面对着灯塔，它连接着我的心。干裂的道路，并列的黑色的电线杆，巨大的白色墓标。

背后松林里响起了断续的蝉声，不时传来波涛的轰响。这样的风景在盛夏的日子里显得如此幽静，简直叫人有些害怕。

京　宿

天亮了。远远响起了钟声。传来山鸽的鸣叫。打开挡雨窗，一片雾气。一对山鸽经这声音的惊吓，蓦然飞离了松树枝头。从那被松林的绿叶和树枝镶嵌的一角天空里，浮现出八坂塔，宛如一幅淡淡的水墨画。旅馆位于高台寺上面。从这里望过去，塔的顶端是水平的。塔沉静地伫立着，保持着一种优雅而紧张的美的平衡。京都沉浸在雾气之中，西山也望不见了。雾遮蔽了几百年来时光留下的足迹，只让那塔显露出来。

不一会儿，塔的最上层变得明朗了。光明向下流动。也许东山长满松树的峰顶太阳已经升起来了吧。不久，京都的市街在低矮的砖瓦屋顶上显露出几座近代建筑物的墙壁，那座塔以此为背景，已经渐渐远离开去了。

刚才惊飞的山鸽又一起飞了回来，发出咕咕的鸣声。也许鸟巢就在附近吧。我打开房间书架上的砚台盒盖。这是仿照手镜箱制作的古老的砚盒。我面对着铺在下面的厚厚的白纸，画下了这初醒的京宿的早晨。

宵山祭

太阳落了，当宵山的提灯点起的时候，我来到河原町，向四条街走去。电车和汽车都消失了姿影，马路上的人群不知何时都涌到车道上了，广阔的四条街人山人海。一群身穿浴衣的小伙子站在高高的彩车上，敲锣打鼓，吹笛子，那锣鼓声和优雅的笛韵在人海的上头响着。灯光照耀着豪华的衣饰，五彩缤纷，彩车的尖端高高耸入黄昏的天空。

从乌丸街拐进锦小路，家家户户从里到外都大敞着店门，清扫过的客厅铺着毛毡，装饰着秘藏的屏风，摆着鲜花、盆景和烟盘，显得洁净、凉爽。

占出山上的一个小祠堂里，男女儿童穿着浴衣，分坐左右两旁，齐声高呼："祈求安产的符签马上就出来，心地虔诚的先生们请带回去吧，请献上一根蜡烛吧。"灯笼和蜡烛的光亮，把孩子们的面颊照耀得更加红润。

小路上排列着出售烟花、金鱼、风铃和玉米的货车。到处是身穿浴衣、手持团扇的人，十分热闹。各处的山上都有美丽的驹形灯笼，飘扬着锣鼓的声音。

在这彩车走过的狭窄的道路上，一听到宵山的鼓声和笛韵，便感到热闹之中藏着一抹寂寞的情调，这是一种撩拨乡愁的音律。

虹与塔

过了山崎，雨止了。

渡过桂川的时候，车窗外面升起一弯巨大的彩虹。

银灰色的天空上，以黄为中心，由橙色变成红色，由绿变成青紫，融合为七色的彩绫，在东山顶上由南向北画了一道圆弧。

走近东寺的尖塔，彩虹的脚降临到塔的上头，塔也显出半透明的黄色来。

赏析

呈现在我们面前的是一幅幅轻淡、素雅的水粉画。

诗人的笔端汩汩奔泻着大自然的美景，奔泻着对大自然深厚而炽烈的爱。那“苇棚遮盖的钓鱼小屋”的美丽图案，那“犬吠岬”奇特的自然风光，那“八坂塔”所独具的“优雅而紧张的美的平衡”，那“宵山鼓声”“寂寞的情调”，那“虹与塔”的完美的结合……无一不透射出大自然深沉而博大之美。

既然美就在我们的身边，为什么不去欣赏它、拥有它呢？

■斗　牛

>> （西班牙）希门内斯

大自然一旦被尊重，它便会驯服地把自己奉献出来，给那些值得享受那壮丽而永恒的美景的人。

我打赌你不知道，柏拉特罗，为什么这些孩子都来了，问我今天下午是否要他们带你一起走，去取牛栏的钥匙。别担心了。我已经叫他们连想也别想这种事情。

他们兴奋得快要疯了，柏拉特罗。整个城镇都为斗牛而轰动起来。打黎明就开始演奏到现在的乐队，就在小旅馆门前，声音显得有点嘶哑，音调也不对头了；马车熙来攘往，上新街去，又下来。在横街后面，他们正在准备“康纳里奥”——那辆给斗牛勇士坐的黄色马车，小孩子非常喜欢它。院子里的花都给割下了，那是给主持斗牛的淑女们的。少年们戴着阔边帽，穿着宽大的单衫，咬着雪茄烟，一身白兰地气和牛棚味，爱动不动地走过街道。这个景象使我觉得悲哀。

在大约两点钟，柏拉特罗，在那孤寂与阳光的时刻，一天中灿烂的间歇处，当斗牛勇士和淑女们正在更衣的时候，你和我则从后门走下小巷，到郊外去，就像去年一样。

这些过节的日子中，野外是多么美丽啊！可是人人都抛弃了它。在葡萄田和菜园中，几乎看不到有一个老人在葡萄藤下或是那清澈的溪边弯腰工作。远处镇子内，人群中洋溢着的喧闹、掌声和牛铃的音乐，像小丑的帽顶那样升起。我们错过了这一切，因为我们正平静地走向大海。而灵魂呢，柏拉特罗，它真切地觉得凭着自己的感觉和大自然健康的身体，它可以成为眼底下万物的皇后。大自然一旦被尊重，它便会驯服地把自己奉献出来，给那些值得享受那壮丽而永恒的美景的人。

■赏析

这座城市到了快要疯狂的地步，所有盛装的人们都欢呼雀跃着，拥动着，走向那个血腥的斗牛场。

一切都准备好了，连“那辆给斗牛士坐的黄色马车”和“淑女们”手中兴奋的花瓣，只等着那男性的厮杀开始，只等着一头茁壮的牛倒在勇士的剑下。

——多么浮躁的人类呵，在野性的麻木和欲望的羁绊下狂乱的人类呵！

还是远离这血腥的场所，到大自然的怀抱去吧，因为，只有在哪里，我们才能真正享受到“那壮丽而永恒的美景”。

无言的爱

>> （美国）王临冬

温柔，何其神奇微妙的东西，你几乎看不见，听不出，摸不着，但却能感受得到。它是一种慈祥、热情、仁厚、道义和爱的结晶体，它坚强有力，它与美丽并存。

每天晚间六时到六时半，地方新闻结束时，常常会播出一则当天社会上发生的趣事，博人一笑。最近有两个画面不仅有趣，而且非常感人，因而侧记下来，和大家分享。

画面之一，是一家人养了一只黑色的母狗，和一只体态很大的白猫。母狗生了四只小黑狗，男女主人都外出工作，怕母狗跑远了，用条绳把它拴在树上。但是四只小狗不听母亲的管教，满院子乱跑，母狗急得在树下绕圈狂叫，小狗却听而不闻，更四散往草丛里钻，母狗叫声更见焦虑，不住地用力，也挣脱不了套着它的绳子。不意大白猫见状，竟飞奔而去，把四只乱跑的小狗一个个衔到狗窝里，自己拖长身子躺下，让四只小狗吸它的奶。四只小狗视其如母，乖乖地不乱跑了。白猫那安详施展温暖母爱的画面，实令人称奇。母狗因绳子长度所限，不能近前，但看到四个儿女安然地扑到白猫的怀里，它也立即安静下来了。那天正是母亲节，播音员看着这个画面，很风趣地说："今天是母亲节，到底谁是母亲呢？"节目里传出一片温馨的笑声。

另一个画面是，住在乡下的一家人，养了一群小鸭，像是刚刚孵出，小鸭都一身绒毛，走起路来一歪一歪，脚步都还不稳。它们正在草丛中觅食，突然大雨倾盆，小鸭个个惊慌失措，家中的狗见状，奋不顾身地在大雨中穿梭来去，把一只只小鸭衔进院子里储藏室内。自己躺下给小鸭们取暖，并用舌头舔它们身上的水珠，那无比慈爱的表现，两位播音员都不住啧啧称奇。

今晚这个占去节目不少时间的镜头，更是奇观。

一家建筑很别致的房屋，前檐不仅宽大，并且有起伏的坡度，起伏处下面有设计精美的木栏，相互交叉，上面盖有透明的玻璃。从地面爬起的藤蔓稀稀疏疏地散在玻璃上面，开着红红的小花。又给这人工的艺术美增添些自然的色调。建筑师这种别出心裁的设计，连鸟儿也看中了，麻雀和另一种比麻雀身体大两三倍的鸟，都衔草来檐下造窝。令人称奇的是四只父母鸟来去衔草，造的却是同一个窝，它们竟不争不斗！更让人惊奇的，是两只体态，羽毛截然不同的母鸟都在此窝中产卵、孵小鸟，它们相容相安，亦不互侵互斗。幼鸟孵出了，父母鸟都衔食来喂幼儿。感人的是她们不分彼此，谁都不只喂自己的儿女。体大的幼鸟嘴巴也大，每从麻雀嘴中取食，把麻雀连嘴带头都吞了下去，而麻雀送下食物，把头从它嘴中拔出，毫不显出痛苦，次次都是如此。

由于这个情景的奇特和罕见，这家主人自它们建窝到幼鸟出世，他们从没有惊扰过它们，任它们自由来去。邻里间也传为佳话，每天这家门前都有来看奇景的成人和儿童。一天这家主人满脸笑意，对来看鸟的众人说："这两种不同的鸟类，都能这样相亲相爱，通力合作，共同造窝，生育、养育幼鸟，不分彼此，我们人类还分什么你我呢?"敞开了门，他们竟备了咖啡茶点以飨众人。

新闻工作者，在庞大的社会里掇取了这些微小但充满趣味的镜头，让大众分享，细心体会动物这份爱心是多么的伟大。

今天世界上到处暴力充斥，打打杀杀的惨事随时可见。失去理性、凶残无度的人类，反不如没有语言的动物。面对这三件很感人的趣事，人类是否有所感悟呢?

■赏 析

看看动物，再想想我们人类。

搏杀、争斗不绝于耳，枪声炮声此起彼伏，猜忌、嫉妒、排斥掩盖了一切亲情友情爱情，林立的建筑、繁忙的工作节奏阻断了人与人之间交流互通的纽带，人类是在步入文明？还是在渐趋堕落。

看看这三则动物趣闻，看看这“无言的”动物之爱，人类呵，我们该不该重新找回自己的影子？该不该猛然醒悟呢？

火绒草

>> （俄罗斯）高尔基

在黑沉沉的大地深渊之中——呻吟、欢笑、怒吼，还有爱的絮语……一切尘世所有的音响混杂在一起。而沉静的群峰，冷漠的星汉，却始终无动于衷，面对着人类沉重的叹息。

皑皑冰雪永远覆盖着阿尔卑斯高高的山脊，严寒和沉寂——那巍巍高峰睿智的缄默统治着这里的一切。

绝顶之上是杳远的蓝天，仿佛有无数忧郁的眼睛，眨闪在冰雪峰巅。

山坡下，密密的平畴中，生命在激动和不安里成长；人类，这疲惫不堪的大地的主人正蒙受着苦难。

在黑沉沉的大地深渊之中——呻吟、欢笑、怒吼，还有爱的絮语……一切尘世所有的音响混杂在一起。而沉静的群峰，冷漠的星汉，却始终无动于衷，面对着人类沉重的叹息。

皑皑冰雪永远覆盖着阿尔卑斯高高的山脊，严寒和沉寂——那巍巍高峰睿智的缄默统治着这里的一切。

仿佛为了向谁诉说大地的不幸和疲惫不堪的人类的苦难——冰山脚下，在那亘古无声的静穆王国，孤零零地长出了一棵小小的火绒草。

在它的头上，在那杳远的蓝天里，庄严的太阳在运转，忧郁的月亮在默默地照耀，无声的星星在发光，在燃烧……

冰冷的沉寂之幕徐徐垂下，日夜拥抱着这唯一的火绒草。

■赏析

这是顽强之草生命之草呵！

它生长在“冰山脚下”，在那“亘古无声的静穆王国”里，它面对着“严寒和沉寂”，面对着“无数忧郁的眼睛”，悄悄地生长着，它在昭示什么呢？

“在它的头上，在那杳远的蓝天里，庄严的太阳在运转，忧郁的月亮在默默地照耀，无声的星星在发光，在燃烧……”

看呵，“火绒草”并非在“向谁诉说大地的不幸和疲惫不堪的人类的苦难”，它在蓬勃地生长着，抗衡着，永远昭示着生命深层的魅力！

邀　友

>> （智利）乌伊多夫罗

歌唱夜，如同布满苔藓的石块上流过的泉水所能歌唱的一样。歌唱夜，她满是最最美丽的眼睛里流出的泪水。

A

夜在召唤我们。我们去吧，朋友们，去到夜的田野漫游。

她已经用最美的星星打扮齐整，仿佛一个女人，在第一次约会时等待她的情人。

朋友们，我们到夜里去。为什么要劳累你的脚，跟在浪女可厌的身后奔跑?

我们到夜里去。她也是一个迷人的尤物，吸引着我的精神，犹如蛇的双眼。

来吧，朋友们，让你们的心被夜的美酒陶醉。

来吧，看一看其他的人；他们在夜里，好像是哑巴在用手势说话。

夜是暗黑的，我们去游遍她的迷宫。

B

朋友们，我们去观赏夜的景象吧。

我知道，你们像我一样喜爱她；我们到她里面去，在她的阴暗之中，我们会感觉到好似被一条巨龙吞没。

我们会看见醉汉在辱骂一个看不见的人，在大做手势，犹如远处的火焰。

我们会看见疯子在向星星宣布他的爱情，或许也会逢到想亲吻月亮的牧人。

我们会看见一对对的情侣消失在花园里；我们会看见卖春的女人，大大的眼睛，刺鼻的香气，像小贩那样寻求购买她们消退的魅力和衰竭的身体的人。

我们会看见那些紧追在寻欢作乐后面的人；我们会料想到他们的嘴唇所暗示的是接吻。我们会看见他们气喘吁吁，如同在财宝后面奔跑的守财奴。

我们会看见这些角逐快乐的人，打扮得齐齐整整，满脸笑容，仿佛节日里的孩子们。

夜是一个灵活的骗子手，在她里面，我们也会饮下她的骗术，如同饮下我们的酒。

C

月亮已经出来了，啊，朋友们。我们到她的白色泡沫下去漫游。

看她，好像是被纠缠在树木的枝叶之间。

我们去漫游。我要歌唱夜，她是太阳的敌人，如同地下的迷宫，如同地下的墓室。

我要把我的声音，结合进夜唱出全部激情和全部痛苦的壮丽严肃的交响乐。

你们也歌唱夜吧，啊，朋友们，唱她只听见醉汉的醉歌，季节工的悲叹，伪币制造者的锤声。

歌唱夜，如同布满苔藓的石块上流过的泉水所能歌唱的一样。

歌唱夜，在那里醉汉手舞足蹈，像作出悲惨而郑重的预兆的巫婆。

歌唱夜，她满是最最美丽的眼睛里流出的泪水。

啊，有多少灵魂，在夜的里面默默地体味他们的苦楚！

歌唱她吧，朋友们，她到处都是悔恨的不安和惊慌。

让你们的歌高扬，庄严，隆重，犹如预言家的歌声，犹如先驱者的召唤。

歌唱夜，在那里良心会战栗，在那里心灵会感觉到对上帝的复仇的畏惧。

不管云雀怎样歌唱黎明的曙光，青蛙照样在歌唱夜的甜蜜的沉醉。

因此，它的歌唱更加美妙。

歌唱夜下面的痛苦吧，仿佛蟋蟀在门槛下面的歌唱。

然后，啊，朋友们，我们就寻路回家；等到天光熹微，我还要回过脸来看看夜，就像人们不舍那个街上走过的女郎。

赏 析

歌唱夜，抛却一切的烦恼和忧愁；

歌唱夜，穿过那些柔曼的枝条，倾出自己全部的激情；

歌唱夜，她宽容地接纳一切的温柔和疯狂，“她到处都是悔恨的不安和惊慌”。

歌唱夜，她让白昼下矜持的身子，压抑的思想肆无忌惮地暴露于夜幕之下；

歌唱夜，歌唱她的妩媚、宽容、缠绵、痴狂……

朋友们，还等什么，“夜在召唤我们，我们去吧”。